Sabine Kelkel

LEICHTER LERNEN – BESSER DENKEN

KOPIERVORLAGEN mit Übungen zu Konzentration, Logik und Kreativität

Verlag an der Ruhr

IMPRESSUM

Titel
Leichter lernen – besser denken
Kopiervorlagen mit Übungen zu Konzentration, Logik und Kreativität

Autorin
Sabine Kelkel

Titelbildmotiv
vernetzte Linien © Rzoog | Fotolia.com

Illustrationen
Dorothee Wolters u. a.

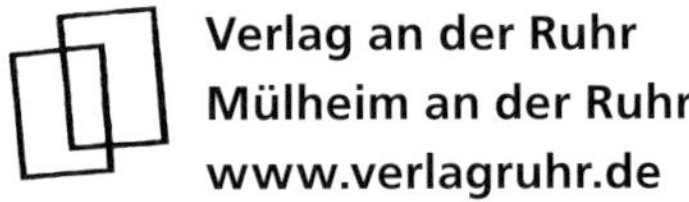

Verlag an der Ruhr
Mülheim an der Ruhr
www.verlagruhr.de

Geeignet für die Klassen 5–7

Unser Beitrag zum Umweltschutz:
Wir sind seit 2008 ein ÖKOPROFIT®-Betrieb und setzen uns damit aktiv für den Umweltschutz ein. Das ÖKOPROFIT®-Projekt unterstützt Betriebe dabei, die Umwelt durch nachhaltiges Wirtschaften zu entlasten. Unsere Produkte sind grundsätzlich auf chlorfrei gebleichtes und nach Umweltschutzstandards zertifiziertes Papier gedruckt.

ISBN 978-3-8346-3064-3

Printed in Germany

INHALTSVERZEICHNIS

Hintergrundinformationen

INHALTSVERZEICHNIS

Übungsteil

INHALTSVERZEICHNIS

VORWORT

Liebe Lehrer*, liebe Kollegen,

unsere Bildungslandschaft unterliegt einem stetigen Wandel. Dabei sind nicht alle Entwicklungen immer positiv. Dadurch, dass **immer mehr Lernstoff in immer kürzerer Zeit** vermittelt werden soll, entstehen bei vielen Jugendlichen **Lernblockaden**, die durch den hohen Leistungsdruck, Angst und Stress hervorgerufen werden. Der **Spaß am Lernen nimmt immer mehr ab** und stattdessen stellen sich Gefühle der Überforderung, mangelndes Selbstvertrauen und Mutlosigkeit ein. Außerdem beklagen die Lehrer die **schlechte Konzentrationsfähigkeit** der Schüler, gleichzeitig beschweren sich die Eltern darüber, dass ihren Kindern in der Schule in zunehmendem Alter die **Fantasie „aberzogen"** wird, da bei Stundenausfällen häufig die musischen Fächer, also Musik und Kunst, aber auch Sport, betroffen sind. Durch zunehmenden Fernsehkonsum und das Spielen am Computer geht den Jugendlichen ihre **Kreativität verloren**. Untersuchungen mit Grundschulkindern haben ergeben, dass der Wortschatz bei 8- bis 10-Jährigen heute wesentlich geringer ist als vor zehn Jahren. So haben immer mehr Schüler große **Schwierigkeiten, Texte zu formulieren** – vielen Jugendlichen fällt es oft leichter, komplizierte Computer-Probleme zu lösen, als einen Aufsatz zu schreiben. Durch die **geänderte Mediennutzung** hat sich auch das Lernverhalten gewandelt. Während das Gedächtnis in der Schule früher durch Auswendiglernen von Gedichten, Formeln oder Geschichtsdaten regelmäßig trainiert wurde, ist es heute eher wichtig zu wissen, wo man Informationen recherchieren kann oder welches Stichwort einzugeben ist. Taschenrechner und Rechenfunktion im Handy ersparen das Kopfrechnen, Wikipedia liefert z.B. wichtige Geschichtsdaten, niemand merkt sich mehr Telefonnummern – sie werden einfach abgespeichert.

Durch den ständig steigenden Leistungsdruck, einen hektischen und oft vollkommen durchstrukturierten Alltag sowie ein Überangebot an medialen Reizen, aber auch durch familiäre Probleme und durch die Zunahme von (diagnostizierten) psychischen Erkrankungen sind Jugendliche vielfach **unkonzentriert** und haben eine teilweise **geringe bzw. sinkende Aufmerksamkeitsspanne**, was **Lern- und Leistungsprobleme** mit sich bringt.

Dieser beunruhigenden Entwicklung muss **unbedingt entgegengewirkt** werden. Dabei ist der Einsatz von geeigneten Arbeitsmaterialien bereits ein erster, wichtiger Schritt, mit dem wir die Jugendlichen frühzeitig „auffangen" können, indem wir ihre **Aufmerksamkeit und Leistungsfähigkeit trainieren** und ihnen so **wieder mehr Freude am Lernen vermitteln**. Genau zu diesem Zweck ist der vorliegende Band entstanden.

Ziel und Inhalt des Buches

Zum einen möchte das Buch Ihnen und Ihren Schülern das nötige **Hintergrundwissen rund ums Lernen** vermitteln. Denn nur, wer zumindest in Grundzügen versteht, wie Lernen funktioniert und welche Einflussfaktoren dabei eine Rolle spielen, kann effektiv die Lernfähigkeit trainieren. „Wie funktioniert das Gedächtnis?", „Welche Lerntypen gibt es?", „Was hat es mit der Lernmotivation auf sich?", „Welche Rolle spielt die Ernährung beim Lernen?", „Wie lässt sich die Konzentration fördern?", „Welche Lern- und Merktechniken gibt es?" – Mit diesen und weiteren Fragen beschäftigt sich die **kurze, theoretische Einführung im ersten Kapitel**. Dabei erhalten Sie auch **kopierfertige Info- und Übungsblätter für die Schüler**, die sich so ebenfalls mit dem Thema auseinandersetzen und vor allem auch gleich passende Methoden und Techniken ausprobieren können.

Zum anderen soll Ihnen das Buch als **Fundgrube für vielfältiges Übungsmaterial** dienen, mit dem sie es den Jugendlichen ermöglichen, **auf spielerische Art** ihre **Wahrnehmung**, ihr **Gedächtnis** und ihre **Denkflexibilität anzuregen**, indem sie ihre Konzentration, ihren Wort- und Sprachschatz, ihre assoziative und logische Denkfähigkeit, ihre Fantasie und ihre Kreativität trainieren. Diesem Ziel trägt der **umfassende Praxisteil im zweiten Kapitel** mit seinen kopierfertigen Übungsmaterialien Rechnung. Um Ihnen die Auswahl zu erleichtern,

* Aus Gründen der besseren Lesbarkeit haben wir in diesem Buch durchgehend die männliche Form verwendet. Natürlich sind damit auch immer Frauen und Mädchen gemeint, also Lehrerinnen, Schülerinnen etc.

werden im Folgenden kurz die Inhalte und Ziele der einzelnen Teilkapitel zusammengefasst:

Übungen für die Konzentration

Die Konzentrationsübungen trainieren die Fähigkeit der Schüler, für einen bestimmten Zeitraum ihre **ungeteilte Aufmerksamkeit auf eine Sache zu lenken**. Eine solche Konzentration setzt Aufmerksamkeit, also genaues Hinschauen bzw. Wahrnehmen, voraus, denn wer nicht aufmerksam ist, kann sich nicht konzentrieren: Ein Jugendlicher, der seinen Schulstoff lernt, muss aufmerksam verfolgen, was er liest. Damit er sich den Stoff dauerhaft einprägen kann, muss er auch konzentriert sein.
Die Konzentrationsfähigkeit ist von Mensch zu Mensch verschieden und u.a. abhängig von Interesse und Motivation, von der körperlichen und geistigen Gesundheit sowie von der jeweiligen Tagesform. Lässt unsere Konzentration nach, verlieren wir den Faden und müssen von vorn beginnen. Dies ist nicht nur uneffektiv, sondern senkt auch gleichzeitig die Motivation – und wirkt sich damit wiederum negativ auf die Konzentrationsfähigkeit aus. Damit die Schüler gar nicht erst in diesen Teufelskreis geraten, hilft es, sie regelmäßig Konzentrationsübungen bearbeiten zu lassen.

Übungen für den Wort- und Sprachschatz

Diese Übungen befähigen die Schüler, **Wörter aus ihrem Wortspeicher abzurufen**, sich ihren **eigenen Wortschatz bewusst zu machen** und diesen zu **erweitern**. Man unterscheidet dabei zwischen passivem und aktivem Wortschatz. Zu unserem **passiven Wortschatz** zählen alle Wörter, die wir kennen oder erkennen. Durch ihn können wir gesprochene oder geschriebene Wörter und Texte verstehen, indem wir die Bedeutung des gehörten oder gelesenen Wortes aus unserem Gedächtnis abrufen. Zu unserem **aktiven Wortschatz** zählen all diejenigen Wörter, die wir aktiv verwenden. Durch ihn können wir uns verständlich ausdrücken und zu einer bestimmten Bedeutung das entsprechende Wort aus unserem Gedächtnis abrufen.
Gerade im schulischen Bereich ist es wichtig, dass die Jugendlichen auf einen gut ausgebildeten Wortschatz zurückgreifen können. So setzt z.B. sowohl das Formulieren eines Referats als auch das Schreiben eines Aufsatzes voraus, dass die Schüler einen Gedanken oder Sachverhalt durch eine bewusst gewählte Zusammenstellung von Wörtern in sprachlich richtiger Form ausdrücken können.

Übungen für assoziatives Denken

Durch die Übungen zum assoziativen Denken werden **Gedankenverbindungen** zu vorgegebenen Begriffen oder Themen hergestellt und **neue Informationen mit bereits gespeicherten verknüpft**. Dadurch können Lernprozesse erleichtert werden: Je mehr Verknüpfungen vorhanden sind, desto leichter lässt sich der Begriff oder Inhalt aus dem Gedächtnis abrufen.
Die Schüler trainieren also ihr **vernetztes Denken** und ermöglichen es sich dadurch, Inhalte nicht mehr einfach nur auswendig zu lernen, sondern sinnvoll im „großen Ganzen" zu verorten – z.T. sogar fächerübergreifend. Das erleichtert das Lernen und steigert die Motivation, da die Schüler auch besser verstehen, warum sie etwas lernen.

Übungen für logisches Denken

Die Kompetenz des logischen Denkens ist mittlerweile ein wichtiger Bestandteil in den Lehrplänen. Logisches Denken befähigt uns, **von etwas Bekanntem auf etwas Unbekanntes schließen** zu können, und bildet damit eine **wichtige Grundlage der Problemlösefähigkeit**. Die Übungen in diesem Teilkapitel trainieren also die Fähigkeit der Schüler, aus bekannten Informationen neues Wissen abzuleiten und auf einen neuen Zusammenhang zu übertragen. Auch die Fähigkeit, Ursache und Wirkung zu erkennen sowie aufgrund gegebener Sachverhalte folgerichtig und schlüssig zu denken, wird mit den Übungen zum logischen Denken gefördert.

Übungen für Fantasie und Kreativität

Wenn Sie regelmäßig die Fantasie und Kreativität Ihrer Schüler anregen, ermöglicht ihnen dies, **gewohnte Denkbahnen zu verlassen**, um neue Ideen zu entwickeln oder mit kreativen und schöpferischen Einfällen **neue Lösungswege zu finden**. Dafür trainieren die Übungen in diesem Teilkapitel vor allem das bildhafte Vorstellungsvermögen. Das Denken in Bildern wirkt sich positiv auf viele Lernprozesse aus – so lassen sich z. B. Vokabeln, Daten oder andere Informationen i. d. R. wesentlich besser speichern und behalten, wenn sie mit Bildern verknüpft werden. Das bekannte Zitat von Albert Einstein, „Fantasie ist wichtiger als Wissen. Wissen ist begrenzt, Fantasie aber umfasst die ganze Welt", unterstreicht den Stellenwert von Fantasie und Kreativität und macht deutlich, dass Neugierde, Freude am Denken sowie Ideenreichtum wichtige Voraussetzungen dafür sind, Inhalte zu begreifen und neue Erkenntnisse zu gewinnen.

Hinweise zu Aufbau und Einsatz der Materialien

Damit Sie sich schnell in den Materialien zurechtfinden, sind die verschiedenen **Kategorien der Kopiervorlagen** mit folgenden Icons gekennzeichnet:

Die **Infoblätter** liefern den Jugendlichen in schülergerechter Sprache Hintergrundinformationen rund ums Thema Lernen.

Die **Übungsblätter** enthalten praktische Übungen für die Schüler; sei es zu den einzelnen in Kapitel 1 vorgestellten Motivations-, Lern- und Merktechniken oder zu den verschiedenen Trainingsbereichen in Kapitel 2.

Abgesehen von den Lern- und Merktechniken, zu denen es keine Lösungen gibt, schließt sich an jedes Übungsblatt ein **Lösungsblatt** an. Diese sind bewusst so aufbereitet, dass die Jugendlichen sie eigenständig zur Selbstkontrolle nutzen können. Alternativ ist es natürlich auch möglich, die Lösungen gemeinsam mit den Schülern zu besprechen.

In den Trainingsbereichen „Wort- und Sprachschatz" sowie „assoziatives Denken" findet sich jeweils ein Spiel. Dazu erhalten Sie auf den **Lehrerhinweis-Seiten** alle nötigen Informationen zu Vorbereitung und Durchführung ...

... und die **Materialblätter** liefern die kopierfertigen Bildkarten, die für die Spiele benötigt werden.

Alle Übungen und Spiele richten sich an Schüler der **Klassenstufen 5 bis 7**. Sie bieten eine **abwechslungsreiche Alternative zum sonst üblichen Schulstoff** und können sowohl im normalen Unterricht als **Übung für zwischendurch**, bei **Vertretungsstunden** oder auch im **Nachmittagsbereich** eingesetzt werden.
Je nach Alter oder Leistungsstand der Schüler lassen sich die Übungen in **Einzel-, Partner- oder Gruppenarbeit** bearbeiten. Bei den Konzentrationsübungen empfiehlt sich allerdings die Einzelarbeit, damit die individuelle Konzentration und die damit verbundene Wahrnehmung des jeweiligen Jugendlichen ganz gezielt trainiert und die Übung dazu in eigenem Arbeitstempo gelöst werden kann. Für die bereits erwähnten Spiele bietet sich die Gruppenarbeit an.
Alle Übungen und Spiele sind so konzipiert, dass i. d. R. **kein zusätzlicher Materialaufwand** besteht. Benötigt werden lediglich ein Stift, das entsprechende Übungs- sowie das dazugehörige Lösungsblatt. Auf genaue **Zeitvorgaben wird bewusst verzichtet**, da zusätzlicher Leistungsdruck vermieden werden soll. Meist sind die vorgegebenen Übungen jedoch innerhalb von 10 bis 20 Minuten lösbar.

Nun können Sie starten: Nutzen Sie freie Zeitfenster für kleine, effektive „Denkpausen", die Ihren Schülern fächerübergreifend und auch außerhalb der Schule zugutekommen und ihren Spaß am Lernen fördern. Und wer weiß, vielleicht haben Sie sogar Lust, die ein oder andere Übung selbst auszuprobieren – schließlich kann ein bisschen flexibleres Denken auch uns Erwachsenen nicht schaden.

Ich wünsche Ihnen und Ihren Schülern viel Spaß mit den Materialien!

Sabine Kelkel

HINTERGRUND INFORMATIONEN

Lernen

Wie funktioniert Lernen?

Um diese Frage zu beantworten, ist es hilfreich, sich zunächst vor Augen zu führen, **was Lernen überhaupt ist**. In diesem Zusammenhang wurden im Laufe der Jahre von verschiedenen Wissenschaftlern immer wieder neue Definitionen aufgestellt. Als Beispiel sei hier eine in der Erziehungswissenschaft weit verbreitete **Definition** von Krüger und Helsper* zitiert:

„Unter Lernen verstehen wir alle nicht direkt zu beobachtenden Vorgänge in einem Organismus, vor allem in seinem zentralen Nervensystem (Gehirn), die durch Erfahrung (aber nicht durch Reifung, Ermüdung, Drogen o. Ä.) bedingt sind und eine relativ dauerhafte Veränderung bzw. Erweiterung des Verhaltensrepertoires zur Folge haben."

Dies klingt nun zunächst sehr abstrakt und theoretisch. In anderen Worten lernen wir zum einen, um bestimmte Fähigkeiten zur Entwicklung der eigenen Persönlichkeit zu erwerben, und zum anderen, um uns Wissen, Kenntnisse und Fertigkeiten anzueignen.
Im Hinblick auf die **Wortbedeutung** hat der Begriff „Lernen" seine Wurzeln im gotischen *lais*, was soviel wie „ich weiß" oder „ich habe nachgespürt" bedeutet, sowie in dem ebenfalls gotischen Wort *laists*, das mit „Spur" übersetzt werden kann, und im indogermanischen *lais*, das für „Spur, Bahn, Furche" steht. Demnach können wir uns das Lernen im übertragenen Sinne so vorstellen, dass dabei bereits **vorhandenen Spuren nachgespürt** wird und **neue Spuren gelegt** werden – und zwar **in unserem Gehirn**: Neue Erfahrungen, Handlungen und Gefühle hinterlassen in Form von Nervenverbindungen Spuren in unserem Kopf.
Unser Gehirn besteht aus durchschnittlich 100 Milliarden Nervenzellen (Neuronen), die bereits bei der Geburt alle vorhanden sind. Mit fortschreitender Entwicklung verbinden sie sich untereinander. Im Durchschnitt steht jedes einzelne Neuron unserer Großhirnrinde mit bis zu 10 000 anderen in Verbindung. Diese Verbindungen entstehen **durch Reize**, die von außen ins Gehirn gelangen.
Im Laufe unseres Lebens werden diese Verbindungen aktiver oder inaktiver, je nachdem, ob sie gebraucht bzw. ob Impulse durch sie geleitet werden oder nicht. Inaktive Verbindungen können jedoch durch entsprechenden Reiz bzw. Gebrauch wieder reaktiviert werden. Ersichtlich wird dies z. B. bei Menschen, die zweisprachig aufgewachsen sind und vorübergehend nur noch in einer der gelernten Sprachen sprechen, oder bei Fertigkeiten, wie Klavierspielen und Fahrradfahren.

Wir lernen also von Geburt an und dann ein Leben lang – wobei man **verschiedene Lernwege** unterscheidet.
Zum **angeborenen** Können zählen der Greifreflex, das Suchen-, Laufen-, Denken- und Sprechen-lernen-Wollen sowie das Aufnehmen von Sozialkontakten und der Saugreflex bei Säuglingen.
Beim **Lernen durch Prägung** handelt es sich um eine Phase, in der ein Mensch lernt und dann lebenslang daran festhält. Sie findet nur in einer bestimmten Entwicklung statt und prägt unser späteres Leben, z. B. werden Erziehungsstile übernommen.
Beim **Lernen nach Versuch und Irrtum** (nach dem Muster „trial and error") sind mehrere Wege zur Lösung eines Problems denkbar und werden ausprobiert. Stellt sich ein Lösungsweg als Irrtum heraus, scheidet er aus. Zeigt er jedoch Erfolg, wird der Lösungsweg in einer ähnlichen Situation wieder eingesetzt.
Die meist angewandte Lernmethode ist das **Beobachtungslernen bzw. Lernen durch Nachmachen**. Dabei wird das Verhalten von Vorbildern, z. B. Vater oder Mutter, nachgeahmt und übernommen, sofern es zu einem Erfolg führt. Bis etwa zum zehnten Lebensjahr erwerben wir zu rund 80 % auf diese Weise unser Wissen.
Lernen durch Einsicht ist eher selten, wobei hier gemeint ist, dass vielen Jugendlichen oftmals nicht klar ist, warum sie z. B. eine Fremdsprache, wie Latein oder Englisch, und die damit verbundenen Vokabeln lernen sollen, warum Hausaufgaben notwendig sind oder warum beim Lernen Wiederholungen so wichtig sind. Das hängt i. d. R. damit zusammen, dass sie den Sinn des Lernens an sich

* *Krüger, Heinz-Hermann & Helsper, Werner (Hrsg.):* **„Einführung in Grundbegriffe und Grundfragen der Erziehungswissenschaft"**, VS Verlag für Sozialwissenschaften, 5. Aufl. 2002, S. 97.

bzw. des jeweiligen Stoffes nicht erkennen können. Um dem entgegenzuwirken, finden Sie auf den folgenden Seiten und auch zu Beginn des zweiten Kapitels mehrere Infoblätter, die den Schülern erklären, wofür die Übungen in diesem Band gut sind. Darüber hinaus ist es hilfreich, den Jugendlichen folgende Fragen als Denkanstöße zu stellen:

- Was möchte ich später einmal werden?
- Welche Kenntnisse brauche ich dazu?
- Wo liegen meine Schwächen, was sind meine Stärken?
- Was muss ich verändern bzw. was brauche ich, um mein Ziel zu erreichen?

Um das **Lernverhalten der Schüler in der Sekundarstufe** besser zu verstehen, ist es wichtig zu wissen, dass in diesem Alter aufgrund der **Pubertät** verschiedene **Umstrukturierungen im Gehirn** stattfinden, die das Lernen beeinflussen und verändern. In dieser Phase werden sehr viele **Verbindungen zwischen einzelnen Nervenzellen aufgelöst** – nur Verbindungen, die tatsächlich immer wieder verwendet werden, bleiben erhalten.
Dafür laufen Denkprozesse von nun an schneller und effizienter ab, da es zu einem **Ausbau der Nervenfasern** kommt, sodass Informationen zwischen den Nervenzellen schneller weitergeleitet werden. Dabei **reifen die verschiedenen Hirnbereiche** während der Pubertät **unterschiedlich schnell** heran: Areale für die Wahrnehmung, Steuerung von Bewegungen, Sprache sowie Orientierung reifen als Erstes heran, während der Stirnlappen (präfontale Cortex), der die Planung von Handlungen, das Treffen von Entscheidungen sowie das Abwägen möglicher Konsequenzen steuert, als eine der letzten Hirnregionen ausreift. Dieser Prozess kann bis zur Vollendung des 25. Lebensjahres dauern. Von den Jugendlichen wird allerdings bereits im Teenager-Alter zunehmend erwartet, dass sie für ihr Denken und Handeln Verantwortung übernehmen und vorausschauend entscheiden können.
Die Pubertät ist darüber hinaus dafür verantwortlich, dass sich die tägliche Ausschüttung des „Schlafhormons" **Melatonin** nach hinten verschiebt, und zwar um bis zu zwei Stunden. Der komplette **Schlafrhythmus ändert sich** also, wodurch Jugendliche abends viel länger aktiv bzw. wach sind und morgens nicht mehr so gut aus dem Bett kommen. Morgens in der Schule sind sie daher häufig müde und weniger motiviert und aufnahmefähig.
Beim Lernen und Erinnern spielt der Botenstoff **Dopamin** (auch als „Glückshormon" bezeichnet) eine wichtige Rolle, der im Frontalhirn für Klarheit im Denken sorgt. Bei jedem Lernerfolg, bei allen positiven Ergebnissen oder Ereignissen wird Dopamin ausgeschüttet und vermittelt ein gutes Gefühl. Da sich das Gehirn dadurch quasi selbst belohnt, spricht man auch vom „Belohnungssystem". Ist ein Jugendlicher von einer Sache begeistert, entsteht durch die Ausschüttung von Dopamin ein gutes Gefühl im Kopf. Hebt sich ein Resultat positiv von dem ab, wie es ursprünglich erwartet wurde, erhält es eine besondere Bedeutung: „Es ist besser als erwartet" – im Zusammenhang mit dem Belohnungssystem sorgt dieses Signal also normalerweise dafür, dass gelernt wird, da es positive Konsequenzen aufzeigt. Bei Jugendlichen **in der Pubertät funktioniert dieses Belohnungssystem allerdings anders** als bei Kindern oder Erwachsenen: Die Ausschüttung von Dopamin ist reduziert. Situationen, die vorher noch als glücklich oder aufregend empfunden wurden, erscheinen plötzlich vollkommen langweilig. Die Lernmotivation sinkt also bei vielen Schülern stark. Stattdessen suchen Jugendliche Erfahrungen, die besonders intensive Gefühle, den sogenannten „Kick", auslösen – und das ohne die möglichen Konsequenzen zu überdenken.

Worauf kommt es beim Lernen an?

Was lerne ich wo in meinem Kopf?

Beim Lernen ist es wichtig zu wissen, dass du weißt, wo in deinem Kopf etwas gelernt wird.
Dein Gehirn besteht aus zwei Hälften (sogenannten „Hemisphären"): der linken Gehirnhälfte und der rechten Gehirnhälfte. Jede Gehirnhälfte hat unterschiedliche Funktionen und steuert spezielle Fähigkeiten.

Die linke Gehirnhälfte
steuert die rechte Körperseite. Sie wird auch als die „rationale" Hälfte bezeichnet.
Hier sind z. B. Sprache, Schrift, Systematik, Rechnen, Logik, Analysefähigkeit, Wissenschaft und Zeitgefühl verankert.

Die rechte Gehirnhälfte
steuert die linke Körperseite. Sie wird auch als die „kreative" Hälfte bezeichnet.
Hier sind z. B. Bilder, Fantasie/Kreativität, Emotion, Intuition, Gefühl, Synthese, Musik, Tanz, Kunst und Raumbewusstsein verankert.

Welche Rolle spielen Bilder beim Lernen?

Du kannst nur dann wirklich etwas verstehen oder begreifen, wenn du eine genaue Vorstellung, das heißt, **ein Bild von einem Begriff** hast. Dies wird besonders deutlich, wenn du einen neuen Fachausdruck oder ein neues Fremdwort lernen sollst. Wenn du dir dann kein Bild zu dem Begriff vorstellen kannst, kannst du ihn auch nicht verstehen und behalten. Liest du z. B. von einem „schwarzen Zylinderhut", dann bekommt deine linke Gehirnhälfte die sprachlichen Informationen „schwarz" + „Zylinder" + „Hut" und deine rechte Gehirnhälfte liefert dir die bereits bekannten Bilder dazu. Die Farbe schwarz kennst du schon, was ein Hut ist, weißt du auch, und dass ein Zylinder ein besonderer geometrischer Körper ist, hast du vielleicht schon im Matheunterricht gehört. So begreift dein Gehirn, dass es sich um einen schwarzen Hut in Form eines Zylinders handeln muss:

Scheue dich nicht, beim Lernen in einem **Lexikon oder Wörterbuch** nachzuschlagen oder im **Internet** nachzuschauen, um dich über neue und unbekannte Begriffe zu informieren. Denn nur so kannst du dir letztendlich ein Bild davon machen und den Sinn verstehen.

Beim Lernen kommt es also auch darauf an, dass **beide Gehirnhälften optimal genutzt** werden. Je öfter beide Gehirnhälften beim Denken aktiv sind, desto besser wirkt sich dies auf deine Gedächtnisleistung aus. Die **Zusammenarbeit beider Gehirnhälften** kannst du **mit speziellen Übungen trainieren**.

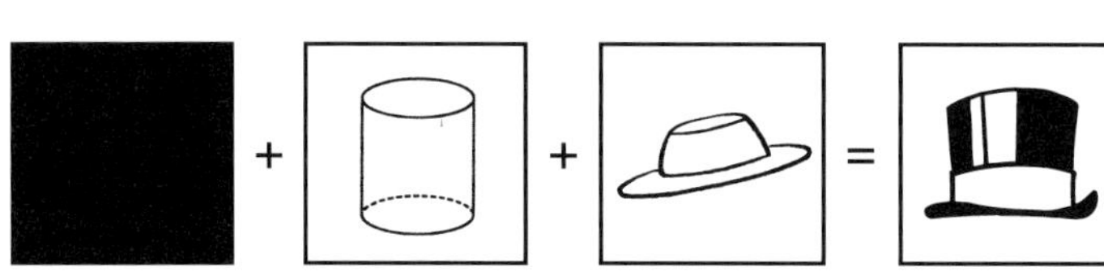

© Verlag an der Ruhr | Autorin: Sabine Kelkel | ISBN 978-3-8346-3064-3 | www.verlagruhr.de

Worauf kommt es beim Lernen an?

Hier lernst du einige **Übungen** kennen, mit denen du die **Zusammenarbeit deiner beiden Gehirnhälften trainieren** kannst.

Überkreuzbewegung

Greife mit deiner rechten Hand an die Nase und mit deiner linken Hand ans rechte Ohr und umgekehrt, das heißt, mit deiner linken Hand an die Nase und mit deiner rechten Hand ans linke Ohr. Du wirst feststellen, dass der Wechsel gar nicht so einfach ist – probiere die Überkreuzbewegung mehrfach hintereinander aus, bis dir der Wechsel leichter fällt.

Mit beiden Händen gleichzeitig schreiben

Lege einen Zettel vor dich, nimm in jede Hand einen Stift und beginne zuerst einmal damit, mit beiden Händen gleichzeitig Kringel, Wellen, Quadrate oder Dreiecke zu malen.
Wenn das gut funktioniert, kannst du versuchen, Wörter oder kleine Sätze zu schreiben.
Bei dieser Übung kommt es nicht darauf an, „schön" zu schreiben bzw. zu malen.

Hemisphären-ABC

Schreibe die Buchstaben des Alphabets der Reihe nach schön groß auf ein DIN-A4-Blatt und notiere unter jedem einzelnen Buchstaben klein geschrieben entweder ein „L", ein „R" oder ein „B". Die drei Buchstaben stehen für „L" = linker Arm, „R" = rechter Arm, „B" = beide Arme.
Auf deinem Blatt würde das folgendermaßen aussehen:

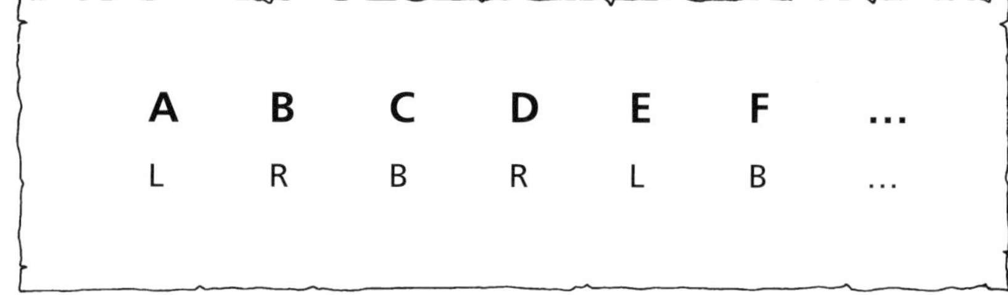

Lies anschließend der Reihe nach die Buchstaben des Alphabets **laut vor** und hebe bei jedem Buchstaben gleichzeitig den entsprechenden Arm. Wenn du das einige Zeit geübt hast und keine Fehler mehr machst, kannst du die Übung erschweren, indem du bei „L" nicht nur deinen linken Arm, sondern auch dein rechtes Bein hebst bzw. bei „R" nicht nur deinen rechten Arm, sondern auch dein linkes Bein hebst, und bei „B" zusätzlich in die Hocke gehst, während du beide Arme hebst.

Daumentrick

Mache mit beiden Händen eine lockere Faust, wobei bei deiner rechten Hand der Daumen innen ist, bei deiner linken Hand ist der Daumen draußen. Öffne nun deine beiden Hände und halte sie einen kurzen Moment geöffnet. Erst dann schließt du wieder deine Hände, wobei jetzt bei der linken Hand der Daumen nach innen geht und du den Daumen der rechten Hand draußen lässt.
Wiederhole dies mehrfach hintereinander, bis dir der Wechsel leichtfällt.

Wie wird Wissen gespeichert bzw. abgerufen?

Wie kommt das Wissen eigentlich in unseren Kopf hinein – und wie wieder hinaus? Um das zu verstehen, ist es wichtig zu wissen, dass unser Gedächtnis aus **drei verschiedenen Speichern** besteht (siehe dazu auch die Abbildung auf der zweiten Seite).

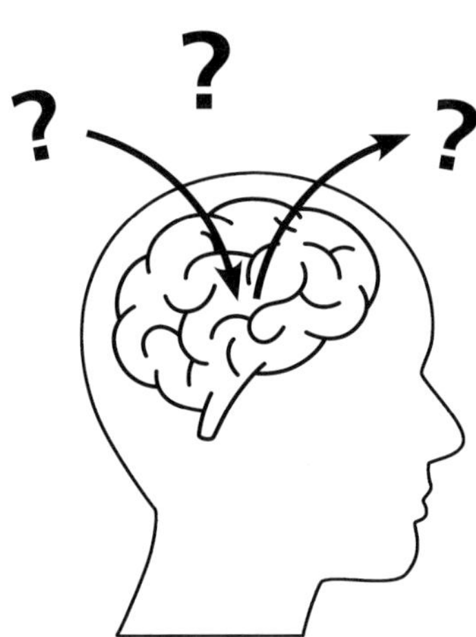

1. Der Sensorische Speicher – auch „Ultrakurzzeitgedächtnis" (UZG) genannt

Alle die vielen **Sinneswahrnehmungen**, die ständig auf uns einprasseln (also alles, was wir sehen, hören, riechen, schmecken und fühlen) erreichen in unserem Gehirn zuerst den sogenannten Sensorischen Speicher (von lateinisch *sensus* = „Empfindung, Sinn" bzw. *sentire* = „empfinden, fühlen"). Dieser **funktioniert wie eine Art Filter**: Hier wird in Sekundenbruchteilen bewusst oder unbewusst entschieden, ob eine Information tatsächlich aufgenommen und abgespeichert werden soll oder ob sie unwichtig ist und gleich wieder abgewiesen wird. Das ist sehr wichtig, denn würde unser Gehirn ungefiltert einfach alles, was wir wahrnehmen, abzuspeichern versuchen, wäre es sehr schnell überfüllt und überlastet.

2. Der Arbeitsspeicher – auch „Kurzzeitgedächtnis" (KZG) genannt

Wurde eine Information im sensorischen Speicher als wichtig bewertet, wird sie an den Arbeitsspeicher weitergeleitet. Wie der Name „Kurzzeitgedächtnis" bereits sagt, werden Informationen hier **nur für kurze Zeit zwischengespeichert**. Die Aufnahmefähigkeit dieses Speichers ist beschränkt, im Durchschnitt können etwa fünf bis neun Informationseinheiten aufgenommen und kurzfristig gemerkt werden. Wird eine Information als besonders wichtig und nützlich bewertet, wird sie an den Langzeitspeicher weitergegeben (siehe unten).

Der Begriff „Arbeitsspeicher" kommt daher, dass die **Informationen** hier nicht nur gespeichert, sondern auch **„verarbeitet" werden**: Der Arbeitsspeicher versetzt uns in die Lage, zu denken, also neue Informationen mit bereits vorhandenen zu vergleichen und zu verknüpfen. Dazu wird **bereits abgespeichertes Wissen aus dem Langzeitspeicher abgerufen**. Ohne unseren Arbeitsspeicher könnten wir weder sprechen noch irgendetwas verstehen und Probleme lösen.

3. Der Langzeitspeicher – auch „Langzeitgedächtnis" (LZG) genannt

Hierher gelangen die wichtigsten Informationen aus dem Kurzzeitgedächtnis, um **langfristig gespeichert** zu werden und immer wieder abrufbar zu sein. Im Gegensatz zum Arbeitsspeicher verfügt unser Langzeitspeicher über eine fast unerschöpfliche Aufnahmekapazität. Informationen werden sortiert und in verschlüsselter Form lebenslang gespeichert. Damit die Informationen aber auch **abrufbar** sind, wenn wir sie brauchen, ist es wichtig, sie **regelmäßig ins Kurzzeitgedächtnis zu holen und immer wieder mit neuen Informationen zu verknüpfen**. Geschieht dies nicht, rutschen die Informationen immer tiefer ins Unbewusste ab und geraten irgendwann in Vergessenheit.

© Verlag an der Ruhr | Autorin: Sabine Kelkel | ISBN 978-3-8346-3064-3 | www.verlagruhr.de

Wie wird Wissen gespeichert bzw. abgerufen?

1 2 3

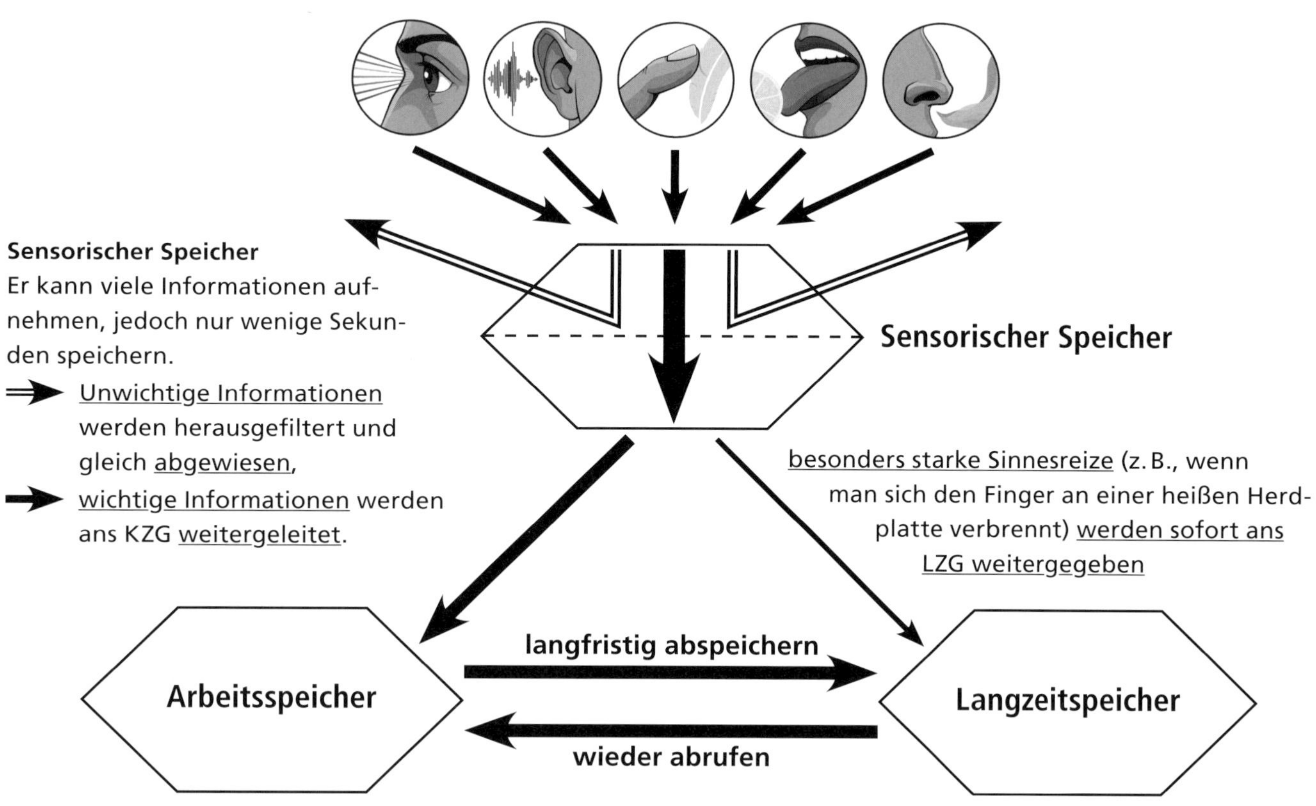

Sensorischer Speicher
Er kann viele Informationen aufnehmen, jedoch nur wenige Sekunden speichern.

⇒ Unwichtige Informationen werden herausgefiltert und gleich abgewiesen,

➡ wichtige Informationen werden ans KZG weitergeleitet.

Arbeitsspeicher
Eingehende Informationen werden mit bereits gespeicherten Informationen abgeglichen – dazu werden Informationen aus dem LZG **(z. B., wo der Supermarkt ist)** abgerufen. So wird neues Wissen mit altem verknüpft. Informationen werden hier allerdings nur kurz gespeichert.

→ Nach dem Einkaufen vergisst Tom bald wieder, dass er Milch und Eier holen sollte.

Langzeitspeicher
Die wichtigsten Informationen werden dauerhaft gespeichert. Sie sind aber nicht beliebig abrufbar, sondern können, wenn sie nicht regelmäßig benutzt, also wieder vom KZG hervorgerufen werden, ins Unbewusste abgleiten und in Vergessenheit geraten.

→ Wenn Tom nicht regelmäßig zum Supermarkt geht, vergisst er den Weg.

Versuche also, dein Wissen zu vernetzen – lerne neue Vokabeln nicht einfach auswendig, sondern verknüpfe sie mit Erinnerungen, mit Vokabeln, die du schon kennst, z. B. mit dem Begriff, der das Gegenteil des neuen Wortes aussagt. So kannst du dein **Wissen im LZG festigen** und dir **Inhalte länger merken**!

Wie wird Wissen gespeichert bzw. abgerufen?

1 2 3

Chinesische Weisheit

Erzähle es mir und ich werde es vergessen.
Zeige es mir und ich werde mich daran erinnern.
Lass es mich tun und ich werde es verstehen.

Konfuzius, ca. 500 v. Chr.

Was bzw. wie viel merkst du dir?

Was bzw. wie viel du dir merken kannst, hängt davon ab, **mit welchem Sinn** du Informationen aufnimmst und ob dabei vielleicht sogar **mehrere Sinne gleichzeitig** angesprochen werden. Das wusste schon der chinesische Philosoph Konfuzius, der vor 2500 Jahren lebte.
Die folgende Abbildung zeigt dir, wie viel Prozent der Informationen du jeweils behältst:

Je mehr Sinne du beim Lernen einsetzt, desto besser und leichter kannst du dir den Lernstoff merken und gedankliche Verknüpfungen herstellen, die dir das Abrufen und Erinnern erleichtern.
Du kannst dir z. B. einen Text laut vorlesen, um ihn gleichzeitig zu hören, oder du fertigst zu dem, was dein Lehrer dir erzählt, eine Zeichnung an, die die Inhalte veranschaulicht.

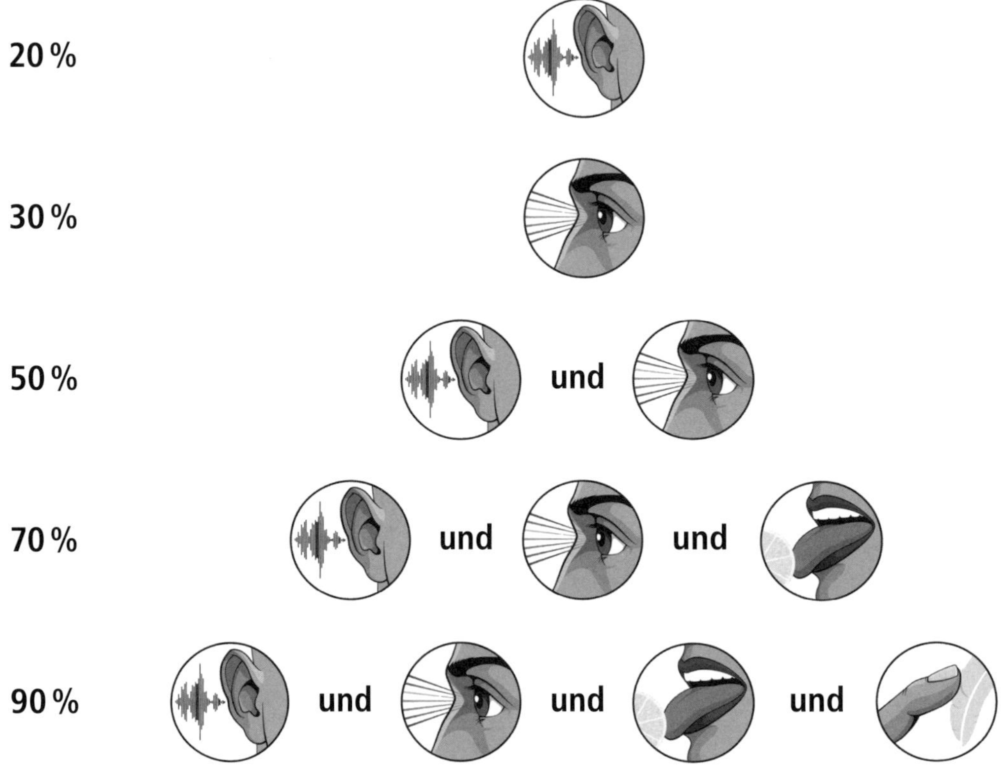

Lerntypen

Gleichgültig ob Kind, Jugendlicher oder Erwachsener – **jeder Mensch hat seine eigene Art des Lernens,** sodass wir auf ganz unterschiedliche Weise lernen. Manche können sich den Lernstoff gut durch Lesen merken, andere durch Zuhören und wieder andere, indem sie sich die Dinge in eigenen Worten aufschreiben, sich mit anderen darüber austauschen oder indem sie beim Lernen in Bewegung sind.
Die Menschen **bevorzugen also unterschiedliche Lernkanäle**. Wie bereits auf S. 14 f. beschrieben, spielen unsere **Sinne** beim Lernen eine wesentliche Rolle. Diese sind jedoch **bei jedem Menschen unterschiedlich stark ausgeprägt**, sodass wir uns in unserem Lerntypus unterscheiden, der sich auf Erinnerung, Gedächtnis und Denken auswirkt.
Nachfolgend werden die drei gängigsten Lerntypen beschrieben, wobei in der Praxis fast keine reinen Typformen zu finden sind, da die meisten Menschen Lern-Mischtypen sind.

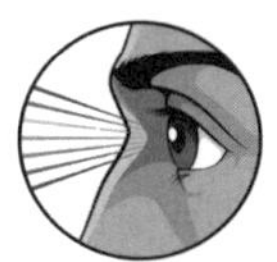

Visueller oder optischer Lerntyp

Der visuelle oder optische Lerntyp lernt bevorzugt **durch Sehen-Lesen-Beobachten** sowie **bildhaftes Denken**. Wie der Name schon sagt, muss visuellen Lerntypen der Lernstoff sozusagen „ins Auge" fallen bzw. müssen sie den Lernstoff „sehen", um ihn sich gut merken zu können. Das Erinnerungsvermögen visueller Lerntypen bezieht sich hauptsächlich auf optische Eindrücke, da sie sehr genaue Beobachter sind. Um Zugang zum Lernstoff zu bekommen, ist es wichtig, dass sie sich von der Sache „ein Bild machen können" und auch eine Vorstellung davon haben. Damit ihnen „ein Licht aufgeht", brauchen sie den sogenannten „Durchblick". In der Schule lernen visuelle Lerntypen bevorzugt aus den Angeboten, die sie sehen können. Unterstützend wirken Unterrichtsmaterialien, die auf den Sehsinn bezogen sind, z. B. geschriebener Text an der Tafel (Tafelbilder) bzw. auf OHP-Folie, am Whiteboard oder auf Computerbildschirmen sowie Lernposter, Grafiken, Skizzen, Landkarten, Mind-Maps, Arbeitsblätter oder Power Point-Präsentationen. Ebenso ist es sinnvoll, einen Text selbst mitlesen zu lassen. Der visuelle Lerntyp kann sich so ein Bild machen und es wird für ihn besser ersichtlich, worum es geht.

Störfaktoren: Ein übervoller oder unordentlicher Raum bzw. Arbeitsplatz kann den visuellen Lerntyp ebenso vom Lernen ablenken wie zu viele Bilder an der Wand.

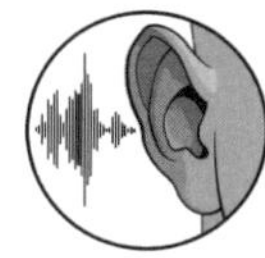

Akustischer oder auditiver Lerntyp

Der akustische oder auditive Lerntyp lernt bevorzugt durch **Hören-Sprechen-Geräusche** sowie **Kommunikation**. Akustische Lerntypen müssen den Lernstoff hören, um ihn gut behalten zu können. Im Gegensatz zum visuellen Lerntyp kommt es bei ihnen u. a. mehr auf das gesprochene Wort an, auf Klänge, Laute, den Tonfall. Für sie ist es nicht so wichtig, Dinge anzusehen. Sie bekommen eher Zugang zum Lernstoff, indem sie davon sprechen, wie sich die Dinge anhören, d. h., sie benötigen Voraussetzungen, die es ihnen ermöglichen, alles Brauchbare aus dem Gehörten herauszufiltern, um es verwerten zu können. Es ist nichts Ungewöhnliches, wenn sie beim Durchlesen eines Textes leise vor sich hin murmeln oder die Lippen bewegen. Sie können sich besonders gut an das Gesagte erinnern. Akustische bzw. auditive Lerntypen lernen in der Schule aus dem, was ihnen im wahrsten Sinne der Worte „zu Ohren kommt", und bevorzugen Diskussionen, Dialoge und Gespräche. Sie suchen für gestellte Aufgaben ihre eigenen Worte. Bei Textaufgaben ist es hilfreich, wenn sie die Aufgaben laut vorlesen und erklären dürfen sowie ein Ergebnis mit eigenen Worten beschreiben können.

Störfaktoren: Unruhe oder viele Geräusche um sie herum lenken diesen Lerntyp besonders vom Lernen ab und können ihn irritieren.

Kinästhetischer oder motorischer Lerntyp

Der kinästhetische oder motorische Lerntyp lernt bevorzugt durch **Bewegungsabläufe-Ausprobieren** sowie **tätiges Handeln**. Für kinästhetische Lerntypen müssen Dinge im wahrsten Sinne des Wortes „begreifbar" oder, anders gesagt, nachvollziehbar sein. Sie möchten für Dinge ein Gefühl bekommen und orientieren sich daher bevorzugt über das Fühlen, Empfinden und Handeln. Sie bekommen Zugang zum Lernstoff, indem sie von ihren Gefühlen bezüglich einer Sache sprechen. Sie erinnern sich besonders gut an Empfindungen. Kinästhetische Lerntypen lernen am besten, wenn der Unterricht so aufgebaut ist, dass sie sich in eine Situation hineinversetzen können und diese in ihrer Vorstellung oder auch real erleben können. Besonders hilfreich sind dabei das Basteln von Modellen, das Erfühlen von Gegenständen sowie sonstige Lernhilfen zum Anfassen. Projekte und Teamarbeit sind ebenfalls von Vorteil. Durch den persönlichen Kontakt und die Auseinandersetzung mit der Gruppe wird auch ein „Gefühl" für die Inhalte erarbeitet. Es ist nicht ungewöhnlich, dass gerade kinästhetische Lerntypen bevorzugt Schulprojekte, wie Orchester, Theaterworkshop, Computerworkshop oder Sportturniere, in Anspruch nehmen.

Störfaktoren: Lerntypen dieser Art können schlecht lernen, wenn sie sich unbehaglich fühlen – so kann sich schon ein zu warmer oder zu kalter Raum nachteilig auf das Lernen auswirken, genauso wie unbequeme Möbel oder Arbeitsutensilien. Kinästhetische Lerntypen haben außerdem Schwierigkeiten mit der Aufforderung, still zu sitzen bzw. nicht ständig mit dem Stuhl zu wippen. Sofern es der Unterricht erlaubt, sollte man besonders diesen Schülern die Möglichkeit geben, ihre Sitzposition öfter zu wechseln, sich also z. B. auch mal verkehrt herum auf den Stuhl zu setzen. Ebenso helfen kleine Bewegungsübungen zwischendurch, um dem Bewegungsdrang gerecht zu werden. – Dies wäre übrigens auch für alle anderen Lerntypen zu empfehlen.

Welcher Lerntyp bin ich?

Um herauszufinden, zu welchem Lerntyp man gehört, beobachtet man sich am besten selbst und versucht sich zu erinnern, auf welche Art und Weise bisher die besten Lernerfolge erzielt wurden. Wer seinen Lerntyp mit einem speziellen Test herausfinden möchte, findet hierzu im Internet eine vielfältige Auswahl; hier zwei Beispiele:

- *www.veritas.at/sbo/extproj/Lerntypentest/lerntypentest.php*
  richtet sich speziell an Kinder und Jugendliche und bietet im Anschluss passende Lerntipps und Trainingsmöglichkeiten für die anderen Sinne
- *www.philognosie.net/denken-lernen/lerntypen-test-welcher-lerntyp-bin-ich*
  richtet sich eher an Erwachsene – hier können Sie als Lehrer testen, welcher Lerntyp Sie selbst sind – überlegen Sie im Anschluss einmal, ob sich Ihr Lerntyp auf Ihre Unterrichtsgestaltung auswirkt? Wenn ja, wäre das ganz normal, denn so, wie wir selbst gut lernen können, versuchen wir in der Regel auch, unser Wissen anderen zu vermitteln. Versuchen Sie dennoch immer wieder auch Angebote für andere Lerntypen in Ihren Unterricht einzubauen, um allen Schülern und ihren bevorzugten Lernkanälen gerecht zu werden.

Lernmotivation

Ein weiterer wichtiger Aspekt des Lernens ist die Motivation. Je motivierter man ist, desto leichter fällt einem das Lernen. Dabei gibt es viele verschiedene Faktoren, die in die Lernmotivation hineinspielen. Diese werden im folgenden Abschnitt genauer beleuchtet.

Welche Motivationsfaktoren gibt es?

Es ist kein Geheimnis, dass Schüler lieber und schneller lernen, wenn ihnen das **Lernen Spaß macht** – doch was wirkt sich auf den Spaß am Lernen aus?

- Interesse: Je stärker das Interesse am Lernstoff, desto höher die Konzentration und desto besser die Gedächtnisleistung – der Lernstoff wird also besser behalten.
- Sinn/Ziel: Ist dem Lerner bewusst, warum er sich etwas einprägen soll oder will, desto höher ist der Anreiz, zu lernen.
- Neugierde, Stimmung: Je positiver und offener der Lerner dem neuen Stoff gegenüber ist, desto zugänglicher ist er für ihn.
- Selbstvertrauen und Lernerfolg: Erlebt ein Schüler ständig Misserfolge beim Lernen, führt dies zu einem Lernpessimismus und das Selbstvertrauen in die eigenen Fähigkeiten nimmt ab: Der Schüler beginnt, an sich zu zweifeln, und weiterer Misserfolg stellt sich ein. Daraus entwickelt sich eine Schwächung der Persönlichkeit. Erlebt ein Schüler aber einen Lernerfolg, führt dies zu einem Optimismus, der das Selbstvertrauen des Schülers steigert. Dies wirkt sich positiv auf das weitere Lernen aus und führt zu weiterem Lernerfolg.
- Anerkennung: Erhält ein Schüler für seine Lernleistung Anerkennung, bietet dies einen Anreiz, sich beim nächsten Mal wieder anzustrengen. Es ist auch wichtig, dass sich die Schüler durchaus auch mal selbst für eine Leistung loben.

Ein weiterer Motivationsfaktor sind **Belohnungen**. Dieser Faktor trägt allerdings nur kurzfristig etwas zur Lernmotivation bei, denn sobald er wegfällt, ist der Anreiz zum Handeln bzw. Lernen nicht mehr gegeben. Es besteht die Gefahr, dass die Belohnungen die Eigenmotivation der Schüler schwächen. Belohnungen sollten also nur sparsam und mit Bedacht eingesetzt werden.

Wie kann die Lernmotivation von Jugendlichen gesteigert werden?

Von Geburt an sind Kinder wissbegierig und bereit zu lernen. Dabei stehen das spielerische Lernen und die Erforschung ihrer Umwelt im Vordergrund, wobei sie immer neue Herausforderungen suchen und ihre Fähigkeiten austesten. Diese Form des Lernens wird ab der Einschulung mehr und mehr durch gezieltes und effektives Lernen vorgegebener Inhalte abgelöst. Dabei wird zwar der Lernstoff vermittelt, jedoch nur selten dessen Anwendung oder die richtige Lerntechnik. Die anfängliche Lernbegeisterung der Kinder erhält also einen Dämpfer und Lernen wird von vielen bald nur noch mit Frustration und Leistungsdruck verbunden, wodurch sich der bereits erwähnte **Lernpessimismus** einstellt. Die Selbsteinschätzung in Bezug auf die eigenen Fähigkeiten wirkt sich unmittelbar auf das Denken, die Gefühle und das Tun aus. Ist der Schüler erst einmal selbst davon überzeugt, ein Versager zu sein, dann verhält er sich auch wie ein Versager, und wenn er glaubt, dass er etwas nicht kann, dann wird er es auch nicht schaffen – es kommt zur „sich selbst erfüllenden Prophezeiung". Damit die Jugendlichen gar nicht erst in diese Abwärtsspirale hineingeraten, ist es unbedingt wichtig, **positive Überzeugungen zu schaffen** und sich diese auch bildhaft vorzustellen, denn – unser Gehirn liebt Bilder.

Die Schüler sollten auf jeden Fall versuchen, ihre **inneren Glaubenssysteme zu stärken**, indem sie Selbstaussagen, wie z. B. „Ich kann das nicht schaffen" oder „Lernen ist anstrengend und macht mir keinen Spaß", positiv umformulieren, z. B. in „Ich schaffe das" oder „Lernen macht mir Spaß und führt mich zum Erfolg". Dies kann mithilfe des Übungsblatts auf S. 22 trainiert werden. Die Sätze werden dabei bewusst in der Gegenwartsform formuliert, so, als wäre das Ziel schon erreicht. Um kein negatives Bild entstehen zu lassen, ist es wichtig, die Sätze positiv zu formulieren und eine Vision zu schaffen. Die Jugendlichen sollten sich in ihrer Vorstellung schon am Ziel sehen und diese Vision mit einem Gefühl der Freude und Dankbarkeit erleben. Sie können dabei Sorgen und Ängste abwägen und sich fragen: „Was könnte schlimmstenfalls passieren"? Ebenso negativ wirken sich „Ich muss ..."- und „Ich soll ..."-Aussagen aus, da sie Schuldgefühle und ein schlechtes Gewissen vermitteln. Mit dem Übungsblatt auf S. 24 lässt sich dem entgegenwirken.

Darüber hinaus gibt es zahlreiche **weitere Tipps**, die Sie **in Ihrer Unterrichtsgestaltung und bei der Vermittlung des Lernstoffs berücksichtigen** können, um Ihren Schülern einen positiven Zugang zum Lernen zu vermitteln und die Lernmotivation zu steigern. Sie werden Ihnen im Folgenden vorgestellt. Einige Tipps können Sie auch den Jugendlichen direkt an die Hand geben, damit diese sie für sich selbst anwenden, um Demotivation von vornherein zu vermeiden.

Den Sinn des zu lernenden Stoffes verdeutlichen:
Machen Sie den Schülern bewusst, warum es notwendig ist, lesen, schreiben und rechnen zu können; warum es wichtig ist, Grammatikregeln und Mathematikformeln zu lernen; warum ein guter Schulabschluss wichtig ist und was damit alles erreicht werden kann.

Ziele klarmachen und im Auge behalten:
Machen Sie für Ihre Schüler immer das Ziel transparent – Was ist das Stundenziel? Was wollen wir am Ende der Unterrichtsreihe gelernt haben? Was soll durch ein separates Übungsblatt für einen einzelnen Schüler erreicht werden (z. B. eine bessere Note in der nächsten Arbeit)? Geben Sie dem einzelnen Schüler Tipps, wie er das gesetzte Ziel am besten erreichen kann und wo/bei wem er dafür eventuell Unterstützung finden kann.

Das Hauptziel in mehrere kleine und ebenso konkrete Zwischenziele einteilen:
Ermuntern Sie Ihre Schüler, sich erst einmal nur kleine Ziele zu setzen (z. B. sich in der nächsten Klassenarbeit um eine Note zu bessern). So wird die Gefahr gebannt, sich zu hohe Ziele zu setzen, die dann nicht erreichbar sind. In diesem Rahmen kann es auch hilfreich sein, einen Jugendlichen dazu anzuregen, mit einem Wochenplaner zu arbeiten. Dadurch wird für den Schüler ersichtlich, was er schon alles gemacht bzw. an Leistungen erbracht hat, was positive Gefühle in ihm weckt. Der Jugendliche lernt außerdem, seine Zeit besser einzuteilen, wodurch eventueller Zeitdruck verringert und das Lernen erleichtert wird.

Teilerfolge wahrnehmen und sich darüber freuen:
Drücken Sie Ihre Anerkennung auch bei kleinen Teilerfolgen deutlich aus und ermuntern Sie den Schüler, sich die Zeit zu nehmen, sich über einen solchen Erfolg zu freuen und damit zufrieden zu sein. Der Jugendliche sollte sich bewusst machen, dass sich seine Bemühungen gelohnt haben und erste Erfolge zeigen. Dieses Bewusstsein schafft ein gutes Gefühl und wirkt motivierend.

Anreize von außen zur Motivationsverstärkung nutzen:
Ermuntern Sie die Jugendlichen, sich ruhig einmal selbst zu belohnen (z. B. durch einen Kinobesuch oder ein Eis), wenn sie etwas gut gemacht oder ein selbst gestecktes Ziel erreicht haben.

Motivationsstörungen vermeiden:
Beugen Sie in Stillarbeitsphasen lauten Zwischenfragen vor, indem Sie bspw. mit den Schülern vereinbaren, dass bei Fragen stumm die Hand gehoben wird oder ein vergleichbares stilles Signal gegeben wird, woraufhin Sie zu dem jeweiligen Schüler gehen, um leise zu helfen. Verdeutlichen Sie den Jugendlichen, dass Sie es dadurch ihren Mitschülern ermöglichen, ungestört weiterzuarbeiten.
Ebenso können Sie die Schüler dazu anregen, zu Hause mit ihren Eltern und Geschwistern zu vereinbaren, ein Schild mit der Aufschrift „Bitte nicht stören“ an ihrer Zimmertür zu befestigen, während sie Hausaufgaben machen oder für eine Klassenarbeit lernen.

Motivation aus sozialen Kontakten entstehen lassen:
Mit jemandem zusammen zu lernen, macht den meisten Schülern mehr Spaß, und die Jugendlichen können sich gegenseitig helfen. Dies vermittelt wiederum ein gutes Gefühl, wenn man mit seinem Wissen anderen weiterhelfen kann. Versuchen Sie deshalb, immer wieder kooperative Lern- und Arbeitsphasen in Ihren Unterricht einzubauen und ermuntern Sie Ihre Schüler dazu, sich auch außerhalb des Unterrichts zusammenzutun, z. B. indem sie sich zu zweit für die gemeinsame Bearbeitung von Hausaufgaben verabreden oder auch für eine Klassenarbeit gemeinsam lernen.

Schatzsuche statt Fehlerfahndung:
Versuchen Sie in der Kommunikation mit einem Schüler stets, nicht seine Schwächen in den Vordergrund zu stellen, sondern seine Stärken – z. B. ist der Jugendliche vielleicht in Deutsch etwas schwach – dafür aber gut in Mathematik. Für den Schüler ist es ungemein wichtig, ihn auf seine Stärken hinzuweisen und ihm diese bewusst zu machen. So fällt es ihm leichter, auch seine Schwächen zu akzeptieren. Darauf aufbauend, kann er dann mit

gestärktem Selbstvertrauen versuchen, in diesem Bereich, der ihm noch Schwierigkeiten bereitet, Schritt für Schritt besser zu werden.

Für Aha-Erlebnisse sorgen:
Regen Sie Ihre Schüler dazu an, ruhig auch mal in einem Lexikon oder im Internet zusätzliche Informationen nachzuschlagen. Die spielerische Aneignung von weiterem Wissen, wobei die Jugendlichen auch ihren ganz individuellen Interessen folgen können, erleichtert das Verständnis und gibt den Schülern das Gefühl, selbst etwas herausgefunden und endlich verstanden zu haben. Solche Aha-Erlebnisse geben Sicherheit und Selbstvertrauen.

Lob und kritische Anerkennung geben:
Sprechen Sie ein Lob aus, wenn ein Schüler etwas gut gemacht hat. Auch können Sie die Jugendlichen dazu ermuntern, sich für gute Leistungen selbst zu loben. Kritik ist nur dann angebracht, wenn Sie feststellen, dass die Leistungen eines Jugendlichen aufgrund von Faulheit oder Unlust am Lernen unzureichend waren.

Einstellung zu Fehlern ändern:
Helfen Sie den Jugendlichen dabei, Fehlern gegenüber eine positive Einstellung zu entwickeln. Macht ein Schüler einen Fehler, findet er dies furchtbar und reagiert meist mit Angst und Hilflosigkeit; seine „Alarmglocken läuten". Um weitere Fehler zu vermeiden, versucht er, Herausforderungen und Veränderungen aus dem Weg zu gehen. Fehler stehen dabei für die Jugendlichen in der Regel immer im Vordergrund, erst an zweiter Stelle werden positive Ergebnisse und Fähigkeiten wahrgenommen. Das ist aber natürlich genau die falsche Einstellung. Machen Sie Ihren Schülern immer wieder deutlich, dass Fehler zum Leben und damit auch zum Lernen gehören. Was aber zählt, sind nicht die Fehler, sondern dass bzw. was aus ihnen gelernt wird.
Folgende Sätze können den Schülern helfen, positiv mit einem Fehler umzugehen:

- Aha! So komme ich nicht weiter, so geht es nicht.
- Was lerne ich daraus?
- Welche Alternativen habe ich noch?
- Was muss ich tun, damit es funktioniert?
- Wer oder was kann mir noch dabei behilflich sein?
- Nach geeigneten Lösungen zu suchen und zu knobeln, kann Spaß machen!
- Aus Fehlern kann ich etwas lernen!
- Fehler gehören zum Leben!

Es ist also wichtig, dass jeder Schüler lernt, seine **Fehler mit positiven Gefühlen und Gedanken zu verknüpfen**. Dabei sollte er auf die Unterstützung der Eltern und Lehrer zählen können! Es ist wichtig für jeden Jugendlichen, dass er immer wieder ermutigt wird und dass auch seine Eltern Interesse zeigen. Damit das Selbstvertrauen des Jugendlichen gestärkt wird, sollte er auch für kleine Erfolge gelobt werden.

Neben den Tipps zur Motivationssteigerung ist es ebenso wichtig, **Demotivation zu vermeiden**. Demotivierende Aspekte können für die Schüler sein:

- Thema zu schwer oder zu leicht (Überforderung/Unterforderung)
- Zeitdruck
- mangelnde Anerkennung
- Besserwisserei
- negative Kritik
- schlechte Erfahrungen (Vertrauen in sich selbst und die eigenen Fähigkeiten sowie der Glaube, es zu schaffen, fehlen)
- Erfolglosigkeit
- Unselbstständigkeit (Wege werden vorgegeben, keine eigenen Ideen zugelassen)

Hat sich dennoch bei einem Jugendlichen bereits ein gewisser Lernpessimismus entwickelt, in der Regel gepaart mit einem beeinträchtigten Selbstvertrauen, ist es umso wichtiger, ihm bewusst zu machen, in welchen Themen oder Fächern er gut ist bzw. welche Fähigkeiten er hat und was er alles gut kann. Der Schüler sollte **auf keinen Fall mit seinen Problemen alleingelassen werden**, denn er braucht Hilfe und Unterstützung, um sowohl an seinem Schwachpunkt als auch an seinem Selbstvertrauen zu arbeiten.

Störende bzw. negative Gedanken positiv verändern

Formuliere folgende Störgedanken, die dir das Lernen erschweren, wie im Beispiel zu positiven Überzeugungssätzen um!

Störgedanken	Positive Gegengedanken
Ich bin immer ganz nervös und aufgeregt.	Ich bin ganz ruhig.
Ich verstehe das nicht.	
Ich brauche immer so lange.	
Ich kann mich nicht konzentrieren.	
Lernen macht keinen Spaß.	
Ich kann mir nichts merken.	
Lernen fällt mir schwer.	
Ich bin ein richtiger Angsthase.	
Ich schaffe das nicht.	
Ich bin ein/e schlechte/r Schüler/in.	
Ich kann nicht logisch denken.	
Ich bin schlecht in Mathematik.	
Schule ist blöd und langweilig.	
Mein Bruder/meine Schwester ist viel besser als ich.	
Ständig etwas Neues.	
Immer mache ich Fehler.	

Störende bzw. negative Gedanken positiv verändern

Mögliche Lösungsvorschläge

Störgedanken	Positive Gegengedanken
Ich bin immer ganz nervös und aufgeregt.	Ich bin ganz ruhig.
Ich verstehe das nicht.	Ich kann alles begreifen und lernen.
Ich brauche immer so lange.	Ich bin bald fertig.
Ich kann mich nicht konzentrieren.	Ich kann mich gut konzentrieren und bei der Sache bleiben.
Lernen macht keinen Spaß.	Lernen macht Freude und führt zu Erfolg.
Ich kann mir nichts merken.	Mein Gedächtnis arbeitet einwandfrei.
Lernen fällt mir schwer.	Ich suche nach Möglichkeiten, meine Merkfähigkeit zu verbessern.
Ich bin ein richtiger Angsthase.	Wissen steigert mein Selbstvertrauen.
Ich schaffe das nicht.	Ich kann alles erreichen.
Ich bin ein/e schlechte/r Schüler/in.	Wissen ist Macht.
Ich kann nicht logisch denken.	Mit den entsprechenden Übungen kann ich logisches Denken lernen.
Ich bin schlecht in Mathematik.	Dafür bin ich in Sprachen gut.
Schule ist blöd und langweilig.	Ich gehe gern zur Schule, denn dort lerne ich viele interessante Dinge.
Mein Bruder/meine Schwester ist viel besser als ich.	Ich brauche mich nicht mit meinem Bruder/meiner Schwester zu messen.
Ständig etwas Neues.	Mir viel zu merken, macht mir Freude.
Immer mache ich Fehler.	Aus Fehlern wird man klug.

„Ich muss …"-/„Ich soll …"-Botschaften umformulieren

Bestimmt kennst du das auch: Wenn du denkst „Ich muss noch dies tun" oder „Ich soll das tun", hast du gar keine Lust darauf. Du schiebst die Aufgabe dann vor dir her und weißt auch gar nicht, wie du sie schaffen kannst oder wie du damit anfangen sollst.
Es kann dir helfen, wenn du solche lähmenden „Ich muss …"- und „Ich soll …"-Botschaften umformulierst – in der Tabelle findest du schon zwei Beispiele. **Formuliere auf gleiche Weise auch die anderen Sätze positiv um!**

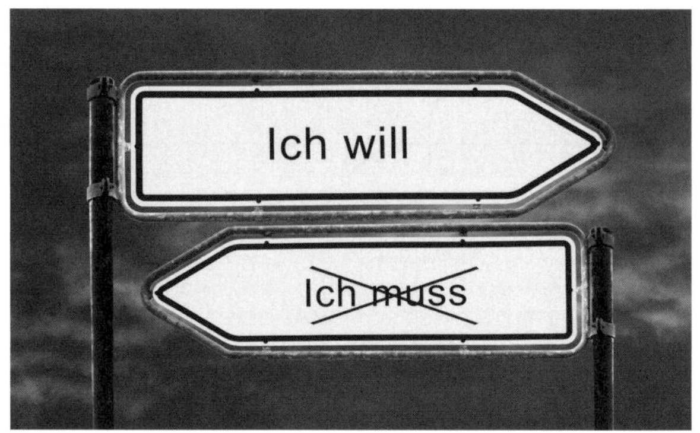

Ich muss schon wieder viele Englischvokabeln lernen.	Ich entscheide mich für Lektion 4 und fange damit an.
Ich muss bald mit meinen Hausaufgaben beginnen.	Ich fange um 16.00 Uhr an.
Ich muss fehlerfrei arbeiten.	
Ich muss das heute noch erledigen.	
Ich sollte schon lange meine Aufgaben erledigt haben.	
Ich sollte mir mehr Zeit für die Vorbereitung der Schulaufgaben nehmen.	
Ich muss in der nächsten Mathematikarbeit eine gute Note schreiben.	
Ich sollte bessere Noten als meine Schwester schaffen.	

„Ich muss …"-/„Ich soll …"-Botschaften umformulieren

Hier findest du mögliche Lösungssätze. Es gibt aber natürlich nicht nur die eine richtige Lösung – jeder kann seine ganz eigenen positiven Versionen der Sätze formulieren.

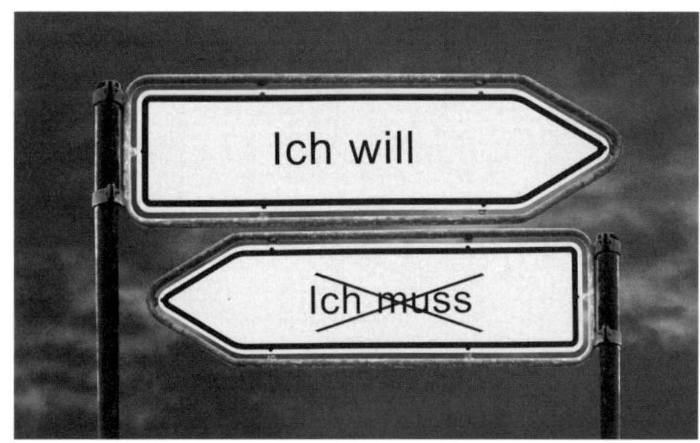

Ich muss schon wieder viele Englischvokabeln lernen.	Ich entscheide mich für Lektion 4 und fange damit an.
Ich muss bald mit meinen Hausaufgaben beginnen.	Ich fange um 16.00 Uhr an.
Ich muss fehlerfrei arbeiten.	Ich bemühe mich, keine Fehler zu machen.
Ich muss das heute noch erledigen.	Ich kann das heute alles noch erledigen.
Ich sollte schon lange meine Aufgaben erledigt haben.	Ich habe mir heute viel Zeit gelassen.
Ich sollte mir mehr Zeit für die Vorbereitung der Schulaufgaben nehmen.	Ich plane meine Zeit in Zukunft besser ein.
Ich muss in der nächsten Mathematikarbeit eine gute Note schreiben.	Ich werde in der nächsten Mathematikarbeit meine gute Note erreichen.
Ich sollte bessere Noten als meine Schwester schaffen.	Ich brauche mich nicht mit meiner Schwester zu messen.

Ernährung

Viele Jugendliche kommen morgens **ohne Frühstück in die Schule**. Die Gründe, warum auf ein Frühstück verzichtet wird, sind dabei sehr unterschiedlich: kein Appetit, fehlendes Angebot der Eltern, keine Zeit oder Hektik, weil evtl. zu spät aufgestanden wird.
Allerdings spielt das Frühstück in unserer Ernährung eine wesentliche Rolle, denn bei dieser Mahlzeit werden die **Zuckerspeicher unseres Körpers wieder aufgefüllt**. Nachts verarbeitet unser Gehirn die Erlebnisse des Tages in unseren Träumen und es werden hierfür viele Kohlehydrate verbraucht. Dadurch sind die Kohlehydratspeicher der Leber morgens weitestgehend aufgebraucht und der Blutzuckerspiegel gesunken. Ein entsprechend kohlehydratreiches Frühstück liefert unserem Gehirn wieder den benötigten Zucker, denn auf ihn ist es als Energieträger angewiesen.

Jugendliche, die ohne Frühstück in die Schule kommen, können sich nicht richtig konzentrieren und dies wirkt sich negativ auf die Gedächtnisleistung sowie die Lernfähigkeit aus. Bis es zur ersten Nahrungsaufnahme des Tages in der großen Pause kommt, können ein plötzlich knurrender Magen und die Gewissheit, noch nichts essen zu dürfen, die Konzentrationsfähigkeit zusätzlich in erheblichem Maße stören. Folglich können die betroffen Schüler **dem Unterricht nicht mehr aufmerksam folgen**.

Genauso wichtig wie das Frühstück ist eine **ausreichende Flüssigkeitszufuhr**. Zu über zwei Dritteln besteht der menschliche Körper aus Wasser. Dieses benötigt der Körper für sämtliche Stoffwechselvorgänge sowie die Übertragung von Nervenimpulsen. Das Blut transportiert alle Energiestoffe zu den Nervenzellen, vor allem Sauerstoff und Glukose. Eine ausreichende Flüssigkeitszufuhr wirkt sich dabei positiv auf die Fließeigenschaften des Blutes aus und sorgt auch für eine gute Durchblutung des Gehirns, wodurch eine **optimale Versorgung unserer Gehirnzellen mit Energiestoffen** gewährleistet wird.
Führen wir unserem Körper nicht ausreichend Flüssigkeit zu, können Informationen nicht schnell genug weitergeleitet werden, unser Denken verlangsamt sich und fällt uns schwer. Sprichwörtlich gesagt: Wir haben eine lange Leitung bzw. stehen auf der Leitung. Außerdem werden wir schneller müde.
Es ist für die Lernfähigkeit der Schüler also außerordentlich wichtig, dass sie stets genug trinken. Dabei ist außerdem zu beachten, dass sich der **Flüssigkeitsbedarf bei körperlicher Aktivität**, wie z. B. im Sportunterricht, bei **besonderen geistigen Anforderungen** oder **Stress**, wie z. B. vor Klassenarbeiten, zusätzlich **erhöht**.

Optimal wäre daher eine **Trinkerlaubnis während des Schulunterrichts**. Um einer Beeinträchtigung des Unterrichts entgegenzuwirken, können feste Trinkzeiten eingeführt werden, z. B. in Phasen einer Stillarbeit oder bei Beendigung einer Lerneinheit bzw. beim Abschluss einer schwierigen Aufgabe. Eine Einhaltung dieser Regeln seitens aller Beteiligten dürfte einen problemlosen Ablauf des Unterrichts weiterhin gewährleisten.
Durch regelmäßiges Trinken kann auftretende Müdigkeit vermieden werden, was sich wiederum positiv auf die Aufmerksamkeit sowie Konzentration Ihrer Schüler auswirkt.
Vor allem auch bei längeren Tests und Klassenarbeiten oder sonstigen Phasen von länger benötigter Konzentration sollten die Schüler vorher unbedingt noch ihren Flüssigkeitsbedarf decken können.

Was hat Essen und Trinken mit Denken zu tun?

Eine gesunde, ausgewogene Ernährung ist nicht nur wichtig für deine körperliche Gesundheit, sie beeinflusst auch die Leistungsfähigkeit deines Gehirns.

Das Gehirn verbraucht unheimlich viel Energie, denn auch Denken ist so etwas wie Sport – nicht umsonst spricht man manchmal von „Gehirn-Jogging". Bei der Energiezufuhr für das Gehirn ist die Ernährung ausschlaggebend. Das Gehirn erreicht zwar nur 2 % des Körpergewichtes, verbraucht aber ca. 30 % der Nährstoffe aus der aufgenommenen Nahrung.

Der Hauptenergielieferant für unser Gehirn ist Glukose (eine Art von Zucker). Glukose gehört zu den Kohlehydraten. Deshalb ist es besonders wichtig, dass etwa die **Hälfte deiner täglich eingenommenen Lebensmittel aus Getreideprodukten** (Brot, Nudeln, Reis, Kartoffeln) **sowie Gemüse und Obst** besteht, da diese Lebensmittel gute Kohlehydratlieferanten sind.

Die Kohlehydrate werden im Körper langsam in Glukose umgewandelt. Dieses gelangt dann über den Blutkreislauf in dein Gehirn, das somit nachhaltig mit der benötigten Energie versorgt wird.

Aber Achtung: Zucker ist nicht gleich Zucker! Im Gegensatz zu Glukose sind Traubenzucker und Schokolade nur kurzfristige Energielieferanten. Sie sorgen zwar dafür, dass du in kurzer Zeit ein geistiges Leistungshoch erreichst, das dann jedoch wieder genauso schnell abnimmt, wodurch du in ein Leistungstief fällst.

Ebenso wichtig ist das Trinken

Unser Gehirn besteht zu 80 % aus Wasser. Daher solltest du darauf achten, dass du täglich mindestens 1 bis 2 Liter an Flüssigkeit zu dir nimmst. Besonders gut geeignet sind Wasser, Apfelsaftschorle sowie ungesüßter Kräuter- oder Früchtetee. Führst du deinem Körper nicht ausreichend Flüssigkeit zu, wird ihm Blut und Wasser entzogen. Das hat zur Folge, dass die Gehirnzellen nicht mit ausreichend Sauerstoff und Nährstoffen versorgt werden, die normalerweise mit dem Blut zu den Zellen transportiert werden.

Da die Nervenzellen in unserem Gehirn schneller Impulse hin- und hersenden können, wenn das Nervengewebe einen hohen Flüssigkeitsgehalt aufweist, bedeutet dies umgekehrt, dass wir bei Flüssigkeitsmangel langsamer denken – wir stehen dann „auf der Leitung".

Nicht nur die Denk- und Gedächtnisleistung wird dann verringert, sondern auch die Stoffwechselvorgänge im Körper werden verlangsamt. Müdigkeit, Konzentrationsstörungen, eine langsamere Reaktionsfähigkeit sowie eine Beeinträchtigung in der Artikulation und Wortfindung machen sich dann als Anzeichen einer eingeschränkten Gedächtnisleistung bemerkbar.

Achte also darauf, dass du beim Lernen immer genug trinkst! Und denke daran, dass sich dein Flüssigkeitsbedarf bei großer Hitze, besonderen geistigen Anforderungen, Stress, schwerer Arbeit oder Sport erhöht.

© Verlag an der Ruhr | Autorin: Sabine Kelkel | ISBN 978-3-8346-3064-3 | www.verlagruhr.de

Konzentration

Ein weiterer wichtiger Aspekt des Lernens ist die Konzentration. Konzentration ist die Fähigkeit, die gesamte Aufmerksamkeit auf etwas zu richten.
Ohne Konzentration – keine Merkfähigkeit!
Ohne Merkfähigkeit – keine Lernfähigkeit!

Wovon hängt Konzentration ab?

Schüler im Alter von 10 bis 12 Jahren können sich etwa 20 bis 25 Minuten am Stück konzentrieren, Schüler im Alter von 12 bis 16 Jahren etwa 30 bis 45 Minuten. Zum Vergleich: Die Konzentrationsspanne bei Erwachsenen liegt zwischen 45 und 90 Minuten. Die Konzentration ist also abhängig **vom Alter und der Entwicklung** der Jugendlichen sowie von weiteren inneren und äußeren Rahmenbedingungen:

Von der Sache, dem Thema: Ist die Sache oder das Thema für den Jugendlichen interessant, spannend und abwechslungsreich oder handelt es sich eher um eine lästige und langweilige Pflichtaufgabe?

Vom aktuellen Befinden: Geht es dem Jugendlichen heute gut, fühlt er sich wohl, ist er aufgeregt, hat er Probleme oder bedrücken ihn möglicherweise Ängste?

Von der Fähigkeit: Bereitet die Arbeit dem Jugendlichen Freude, kann er sie bewältigen oder ist sie für ihn eher unangenehm und bereitet ihm Schwierigkeiten?

Von der Umgebung: Was geschieht gerade um den Jugendlichen herum? Ist das nicht vielleicht wesentlich aufregender und interessanter?

Welche Konzentrations-Störfaktoren gibt es in der Schule?

Äußere Störfaktoren: Negative Auswirkungen auf die Konzentration haben unklare bzw. nicht richtig verstandene Arbeitsanweisungen sowie schlechte Bedingungen des Arbeitsplatzes (Tisch/Stuhl zu hoch oder zu klein, eine ungerechte Platzaufteilung unter Sitznachbarn) und eine ungünstige Sicht zur Tafel. Auch die Ablenkung durch Mitschüler, Lärm, Geräusche oder ein zu warmer oder zu kalter Klassenraum wirken sich negativ auf die Konzentration aus.

Innere Störfaktoren: Hierzu zählen Aufregung, Anspannung (z. B. vor einer Klassenarbeit oder mündlichen Abfrage), Nervosität, Müdigkeit, Lustlosigkeit, mangelnder Wille, Ausdauer und Interesse, ablenkende sowie störende Gedanken, verursacht durch Sorgen, Unklarheiten oder Überforderung – und da viele Jugendliche heute ohne Frühstück in die Schule gehen, gehören auch Hunger und Durst zu den inneren Störfaktoren.

Welche Konzentrations-Störfaktoren gibt es zu Hause?

Visuelle Ablenkungen: Ablenkende Wirkungen zeigen u. a. Fernseher und Handy.
Jugendliche, die nicht ausreichend gut sehen oder hören, haben ebenfalls Schwierigkeiten sich zu konzentrieren.

Akustische Ablenkungen: Ablenken können spielende Geschwister, Radiomusik, das Klingeln des Telefons sowie alles, worauf der Gehörsinn anspricht.

Innere Ablenkungen: Hierzu zählen unangenehme Gedanken und Gefühle, Ärger mit den Eltern, Geschwistern oder Freunden, Müdigkeit, Nervosität oder auch Ernährungsfehler.

Was ist förderlich für die Konzentration?

Folgende Tipps können Sie Ihren Schülern und deren Eltern an die Hand geben, um die Konzentrationsfähigkeit der Jugendlichen zu optimieren:

- ausreichend schlafen
- auf eine gesunde Ernährung mit viel Obst achten
- regelmäßig und ausreichend trinken
- Schreibtisch und Schreibtischstuhl optimal der Körpergröße anpassen
- den Schreibtisch stets aufgeräumt halten und so ausrichten, dass er optimal Tageslicht erhält
- störende/ablenkende Dinge im Blickfeld am Schreibtisch vermeiden
- evtl. Unterstützung durch Farbgestaltung des Arbeitsplatzes durch entsprechende Tapete oder Schreibunterlage (Gelb ist konzentrationsfördernd, vertreibt die Müdigkeit und sorgt für gute Laune; orange fördert den Spaß am Lernen, ist ein Stimmungsaufheller und vertreibt ebenfalls die Müdigkeit.)
- den Augen, Ohren, der Seele durch Atem- oder Entspannungsübungen regelmäßig Ruhepausen gönnen
- durch Freizeitaktivitäten einen Ausgleich zu Schule und Hausaufgaben schaffen

Im Hinblick auf die Gestaltung Ihres Unterrichts und der Lernumgebung sind folgende Aspekte konzentrationsfördernd:

- Interesse am Thema und an den Aufgaben erwecken
- durch neue Impulse und Methoden, durch Wechsel zwischen Stillarbeits- und Aktivphasen etc. für Abwechslung sorgen
- neuen Lernstoff oder Methoden Schritt für Schritt vermitteln/erarbeiten
- das Arbeitspensum überschaubar und die Ziele erreichbar halten
- neue Anregungen/Impulse
- unterschiedliche Arbeitstechniken einsetzen, die verschiedene Lernkanäle ansprechen
- Arbeitsblätter auf gelbes oder orangefarbenes Papier kopieren
- die Wanddekoration unauffällig halten
- regelmäßige Trinkpausen erlauben
- durch regelmäßiges Lüften für frische Sauerstoffzufuhr sorgen
- Bewegungs- und Entspannungsübungen einschieben, sobald die Konzentration der Schüler merklich nachlässt; oftmals reichen hier schon 5 Minuten aus – diese Zeit fehlt Ihnen zwar bei der Vermittlung des Lernstoffes, dafür verschaffen sie Ihnen aber für den Rest des Unterrichts aufmerksame und aufnahmefähige Schüler *(Tipp: Audio-CD von Stöhr-Mäschl, Doris & Reiser, Stephan: „Kleine Pausen für den Schulalltag – Kurze Übungen zur Entspannung, Aktivierung und Bewegung", Verlag an der Ruhr 2013, ISBN 978-3-8346-2409-3)*

Lern- und Merktechniken

Um die Denk- und Lernfähigkeit zu trainieren, gibt es verschiedene Lern- und Merktechniken. Diese werden meist als **Mnemotechniken** bezeichnet. Das Wort leitet sich vom griechischen *mneme* ab und bedeutet „Gedächtnis, Erinnerung" – Mnemosyne ist in der griechischen Mythologie die Göttin des Gedächtnisses.
Der griechische Dichter **Simonides von Keos** gilt als **Erfinder der Gedächtniskunst**. Bei einem Festmahl soll er durch eine ihm überbrachte Nachricht den Saal verlassen haben, kurz bevor dessen Dach einstürzte. Die Toten waren so zermalmt, dass man sie nicht mehr identifizieren konnte. Simonides hatte sich jedoch zuvor die Sitzordnung genau eingeprägt und konnte die Toten daher später anhand ihrer Sitzplätze identifizieren.

Mnemotechniken helfen dabei, das **gezielte Abrufen aus dem Gedächtnis zu verbessern**, indem abstrakte Informationen in Bilder umgewandelt werden – denn diese lassen sich wesentlich einfacher merken. Lerninhalte werden visualisiert – wir stellen sie uns vor unserem „geistigen Auge" vor – und Sachverhalte werden in einer Geschichte „verpackt", wodurch Emotionen mit einbezogen werden.
Wenn wir Mnemotechniken anwenden, **verknüpfen** wir also stets **die rechte Gehirnhälfte** (Fantasie/Kreativität, Bilder) **mit der linken Hälfte** (Daten, Zahlen, Fakten), was die Informationen fester und nachhaltiger in unserem Gedächtnis verankert.

Folgende Lern- und Merktechniken werden in diesem Kapitel vorgestellt:

- Loci-Methode: Raum- und Körperliste
- Methoden zum leichteren Vokabellernen
- Merktechnik mit Zahlenbildern und -symbolen
- ERKO-Methode
- Merksätze mit bestimmten Anfangsbuchstaben
- ÜFLAT-Methode

Zu allen dieser Techniken finden Sie auf den folgenden Seiten jeweils ein **Infoblatt**, mit dem sich die Schüler einen Überblick darüber verschaffen können, wie die Methode funktioniert und worauf sie abzielt. Wo sinnvoll, folgt anschließend ein **passendes Übungsblatt**, anhand dessen die Methode gleich **aktiv selbst ausprobiert** werden kann. Idealerweise tun Sie dies gemeinsam mit Ihren Schülern, da die Techniken für die meisten Jugendlichen sehr ungewohnt sind; ansonsten empfehle ich für das Ausprobieren die Partner- und Kleingruppenarbeit.
Nachdem eine Methode getestet wurde, sollte sie in einem nächsten Schritt **auf den aktuellen Lernstoff übertragen** werden, damit die Schüler tatsächlich begreifen, inwiefern ihnen die jeweilige Technik im Schulalltag helfen kann.

Auf den ersten Blick erscheinen Mnemotechniken immer etwas kompliziert. Wenn man sich jedoch einmal mit einer Methode vertraut gemacht und auseinandergesetzt hat, stellt man sehr schnell fest, wie leicht sich Dinge damit merken lassen. Je öfter die Techniken angewandt und geübt werden, desto vertrauter wird man mit ihnen und das Lernen fällt immer leichter. Dabei sollte jeder Schüler selbst herausfinden, welche Lern- und Merktechnik für ihn die beste ist, und diese dann **gezielt üben**.

Letztendlich ist auch der Knoten im Taschentuch eine Merktechnik.

Einführung: Lern- und Merktechniken

Hast du das auch schon einmal erlebt? Du lernst Vokabeln, versuchst dir eine Formel einzuprägen oder willst dir Geschichtszahlen merken und trotz aller Bemühungen bleiben sie einfach nicht in deinem Kopf? – In so einem Fall können dir verschiedene Lern- und Merktechniken helfen!
Diese Techniken werden auch **Mnemotechniken** genannt. Das Wort leitet sich vom griechischen *mneme* ab und bedeutet „Gedächtnis, Erinnerung" – Mnemosyne ist in der griechischen Mythologie die Göttin des Gedächtnisses.
Mnemotechniken sind dazu da, dass wir **Daten, Vokabeln oder anderen Lernstoff leichter auswendig lernen** und uns besser merken können. Meist funktioniert es so, dass wir die zu merkenden Informationen mit Bildern verknüpfen. So gibt es z. B. die Loci-Methode, bei der du dir zunächst einen dir vertrauten Weg (beispielsweise durch dein Zimmer) bildhaft vorstellst und darauf „Merkpunkte" festlegst. An diesen Punkten legst du die Informationen ab und sammelst sie später, wenn du sie brauchst, wieder ein. Um dir Zahlen leichter merken zu können, gibt es unterschiedliche Merktechniken, bei denen z. B. jeder Zahl ein Bild fest zugeordnet wird, sodass eine bestimmte Zahlenkombination – beispielsweise eine Telefonnummer – in deinem Kopf zu einer leicht zu merkenden Bilderserie wird.

Wenn du Mnemotechniken verwenden möchtest, **brauchst du** also deine **Fantasie**, ein gutes **Vorstellungsvermögen**, alle deine **Sinne** und du musst **Gedanken verknüpfen** (also Assoziationen bilden) können, um ein neues Bild erzeugen zu können, das du dir gut merken kannst. Und du brauchst eine gute Portion **Neugierde und Spaß**, etwas Neues auszuprobieren, sowie etwas **Geduld** – denn die Techniken muss man erst einmal ein wenig üben, bevor sie richtig gut funktionieren. Vielleicht wird dir einiges auf den ersten Blick zuerst einmal ungewohnt oder sogar kompliziert erscheinen. Doch sobald du dich mit den Lern- und Merktechniken vertraut gemacht und einige ausprobiert hast, wirst du schnell feststellen, wie einfach und mühelos du dir damit Dinge merken kannst! Probiere einfach einige Techniken aus, **finde heraus, mit welchen du am besten lernen kannst**, und übe diese. Je mehr du dich mit den Methoden auseinandersetzt und **je öfter du sie einsetzt, desto leichter und schneller wirst du künftig lernen können**.

Aber Achtung: Auch beim Lernen mit Mnemotechniken führt kein Weg daran vorbei, die **Informationen**, die du dir merken willst, **regelmäßig abzurufen und zu wiederholen**. Denn nur so schaffst du es, dass sie sicher im Langzeitgedächtnis abgespeichert werden. Außerdem ist es auch wichtig, dass du den **Inhalt verstehst** – denn nur dann kannst du wirklich passende Bilder zu den einzelnen Informationen finden, die du in den Lern- und Merktechniken verwendest.

Falls du mehr über Mnemotechniken erfahren möchtest, kannst du in diesen Büchern der Jugendweltmeisterin im Gedächtnistraining, Christiane Stenger, stöbern und spannende Übungen lösen:

- *„Das Gummibärchen im Spinat", Heyne Verlag (2010), ISBN 978-3-453-68548-2*
- *„Warum fällt das Schaf vom Baum?", Heyne Verlag (2006), ISBN 978-3-453-68511-6*

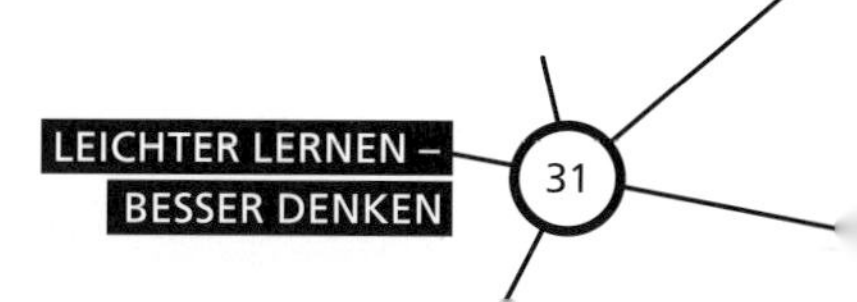

Loci-Methode

Zu den ältesten Merktechniken, bei denen das bildhafte Vorstellungsvermögen eingesetzt wird, gehört die sogenannte „Loci-Methode" – *loci* kommt aus dem Lateinischen und bedeutet „Plätze, Orte". Warum die Methode so heißt, wird schnell klar, wenn du verstehst, wie sie funktioniert:
Du **stellst dir zunächst einen Weg**, der dir bereits bekannt ist, **bildlich vor**. Das kann z.B. ein Weg durch dein eigenes Zimmer, der Weg zur Schule oder auch ein Weg durch euer Klassenzimmer sein. Genauso gut geht es auch mit einer Reise durch deinen Körper, auf der du an verschiedenen Körperteilen vorbeikommst, die du dir genau vorstellst. **Auf diesem Weg**, den du dir vorstellst, **legst du** dann verschiedene Orte (oder Körperteile) als **„Merk-Stationen" fest**.

Wenn du dir nun verschiedene Informationen merken willst (z.B. die Dinge, die du im Supermarkt einkaufen sollst), gehst du deinen Weg in Gedanken ab und **verbindest jede einzelne Information mit einer deiner „Merk-Stationen"**. Dafür kannst du dir besonders lustige Verknüpfungen ausdenken! So legst du nach und nach die einzelnen Informationen auf deinem Weg ab (z.B. die Sonnenblumenmargarine auf der Fensterbank, das Vogelfutter neben dem Vogelkäfig) – und kannst sie später durch einen erneuten gedanklichen Spaziergang wieder Stück für Stück einsammeln, also aus deinem Gedächtnis abrufen.

Wie sieht das für dich nun in der Praxis aus?

Sobald du einmal deinen Weg mit seinen verschiedenen Merk-Orten festgelegt und dir gut eingeprägt hast, kannst du ihn **nutzen, um dir Lernstoff aus der Schule zu merken**: Nachdem ihr im Unterricht wichtige Schlüsselwörter oder Geschichtsdaten etc. erarbeitet habt, kannst du sie mit deinen Merkstationen verknüpfen – am besten, indem du dir dazu ein lustiges Bild ausdenkst.
Wenn du mit dieser Methode arbeitest, achte darauf, dass du auf deinem Weg **ausreichend Merk-Stationen** festlegst. Außerdem bietet es sich an, für unterschiedliche Fächer mit **unterschiedlichen Wegen/Räumen** zu arbeiten (z.B. legst du Englisch-Wissen in der Küche ab, Deutsch-Wissen im Wohnzimmer, Mathe-Wissen im Badezimmer usw.).
Damit die festgelegten Merk-Orte nicht in Vergessenheit geraten, müssen sie **immer wieder benutzt** werden. Du solltest sie also von Zeit zu Zeit wiederholen, damit du sie stets schnell und sicher abrufen kannst.

Vorteil dieser Methode:
Da du beim Erinnern der abgelegten Begriffe einen vorher festgelegten Weg in Gedanken „abgehst", eignet sich die Loci-Methode vor allem für konkrete Begriffe, Zahlen usw., die du dir in einer bestimmten Reihenfolge merken willst. Denn indem du den Weg abgehst, sammelst du die dort abgelegten Informationen automatisch in der richtigen Reihenfolge wieder ein. Mithilfe dieser Methode kannst du dir beispielsweise auch die Stichpunkte für ein Referat gut einprägen.

Loci-Methode

Übung zur Loci-Methode: Raumliste

Versuche dir anhand der unten stehenden Schritte die folgenden Länder zu merken:

Belgien – Deutschland – Frankreich – Italien – Luxemburg – Niederlande – Irland – Dänemark – Großbritannien – Griechenland – Portugal – Spanien – Finnland – Schweden – Österreich – Polen – Norwegen – Rumänien – Türkei – Russland

Schritt 1 – Wähle erst einmal nur ein paar der Länder aus.
z. B. Belgien – Deutschland – Frankreich – Italien

Schritt 2 – Überlege dir zu den ausgewählten Ländern Orte in deinem Zimmer, mit denen du die zu merkenden Länder später verknüpfen kannst.
Merk-Orte können z. B. deine Zimmertür, deine Fensterbank, dein Bett und dein Schreibtisch sein. Achte darauf, dass du deine festgelegten Orte im Zimmer gut der Reihe nach abgehen kannst, ohne ständig hin- und herspringen zu müssen. Sie sollten also möglichst nebeneinanderliegen, sodass du z. B. im Uhrzeigersinn durch dein Zimmer läufst.

Schritt 3 – Verbinde nun die festgelegten Merk-Orte in deinem Zimmer mit den Ländern, die du in Schritt 1 ausgewählt hast.
Beispiel: Vor deiner Zimmertür steht ein belgischer Schäferhund und hält Wache (Belgien). Die deutsche Fahne steht auf deiner Fensterbank (Deutschland). Dein Bett ist mit Bettwäsche bezogen, auf der der Eiffelturm abgebildet ist (Frankreich). Und auf deinem Schreibtisch steht eine Pizza (Italien).

Schritt 4 – Lege nun weitere Merk-Orte auf deinem Weg durchs Zimmer fest und überlege dir eigene Verknüpfungen, mit denen du die restlichen Länder an den verschiedenen Orten „ablegst".
Überlege dir wie in den Beispielen aus Schritt 3, was du über die einzelnen Länder weißt oder an was sie dich erinnern. So könntest du beispielsweise bei Luxemburg auch an einen Luchs denken. Wichtig ist, dass du dir deine Verknüpfungen bzw. Bilder, die du dir zu den einzelnen Ländern ausgedacht hast, an den entsprechenden Orten in deinem Zimmer so bildhaft wie möglich vorstellst. Vielleicht hörst du den belgischen Schäferhund sogar vor deiner Tür bellen!

Schritt 5 – Decke nun die Länder ab und lege einen Zettel und einen Stift bereit.

Schritt 6 – Gehe in Gedanken den Weg in deinem Zimmer ab und schreibe alle Länder auf, an die du dich noch erinnerst.

Schritt 7 – Überprüfe dann, an wie viele Länder du dich erinnern konntest und welche dir noch fehlen. Ist es dir leichtgefallen, dir die Länder mit der Raumliste zu merken? Oder hattest du Schwierigkeiten? Warum?

Loci-Methode

Übung zur Loci-Methode: Körperliste – Vorbereitung

Bei dieser Variante der Loci-Methode werden Punkte am Körper festgelegt, an denen du die zu merkenden Begriffe „ablegst", d.h., deine Körperteile dienen dir bei dieser Methode als „Anker". Zum besseren Verständnis sind in der Abbildung zehn Punkte vorgegeben, die du aber nach Bedarf verändern oder erweitern kannst – der Körper hat ja noch viele andere markante Stellen, z.B. die Nase, den Mund, den Brustkorb usw.
Schaue dir die Abbildung genau an, um dich mit der Körperliste vertraut zu machen. Danach bist du bereit für die Übung auf der dritten Seite!

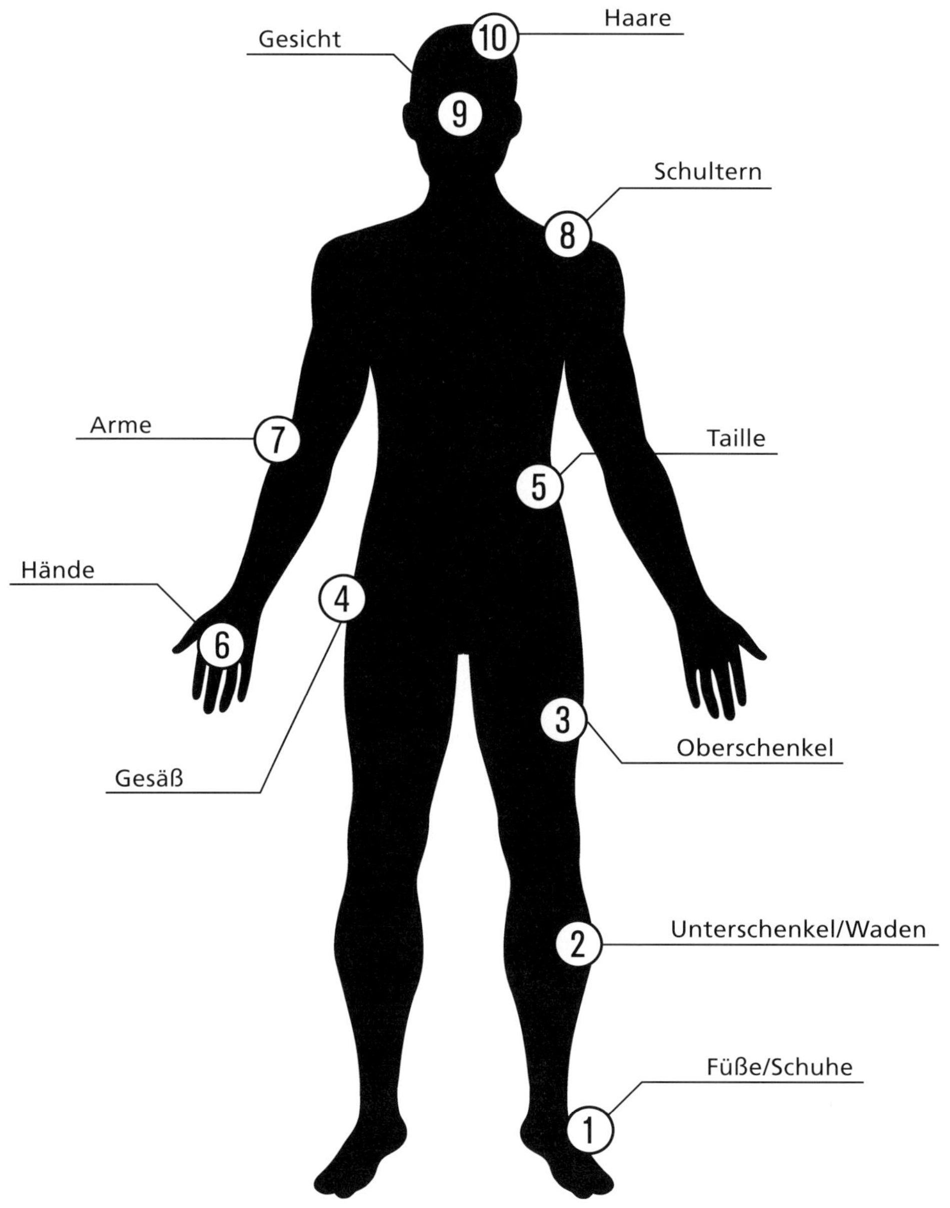

Loci-Methode

Übung zur Loci-Methode: Körperliste – Los geht's!

Versuche dir anhand der unten stehenden Schritte die zehn größten Städte Deutschlands zu merken:

Berlin – Hamburg – München – Köln – Frankfurt – Stuttgart – Düsseldorf – Dortmund – Essen – Bremen

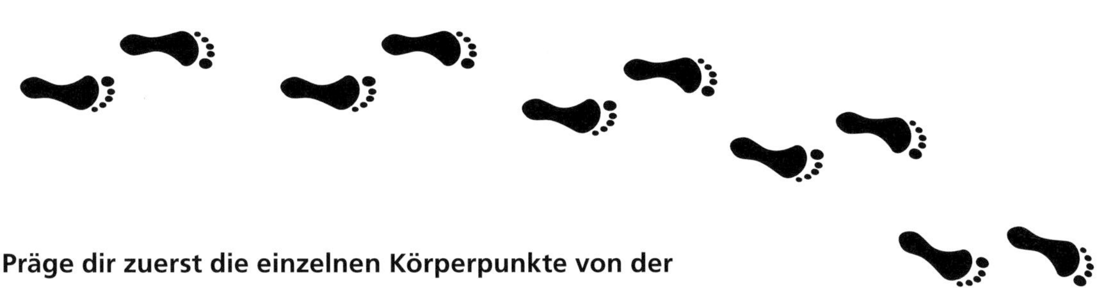

Schritt 1 – Präge dir zuerst die einzelnen Körperpunkte von der zweiten Seite ein.
Nenne z. B. jedes einzelne Körperteil und berühre es, wiederhole die Punkte von unten nach oben und umgekehrt sowie durcheinander. Es ist wichtig, dass du dir erst alle Punkte sicher eingeprägt hast, bevor du beginnst, die Städte darauf abzulegen!

Schritt 2 – Verbinde nun die Städte mit den entsprechenden Körperpunkten.
Beispiel: Auf deinem Fuß balancierend, transportierst du eine Tüte Berliner aus der Bäckerei nach Hause (Berlin). An deiner Wade klebt ein Hamburger (Hamburg). Am Oberschenkel trifft dich ein Fußball von Bayern München (München).

Schritt 3 – Überlege dir nun auch für die restlichen Städte eigene Verknüpfungen bzw. Bilder und lege sie an deinen Körperpunkten ab.
Verfahre genauso wie bei der Raumliste, denn das Prinzip ist das gleiche, nur dass du nun mit Körperpunkten statt mit Raumpunkten arbeitest.

Schritt 4 – Decke dann die Städte ab und lege einen Zettel und einen Stift bereit.

Schritt 5 – Gehe in Gedanken den Weg an deinem Körper ab und schreibe alle Städte auf, an die du dich noch erinnerst.

Schritt 6 – Überprüfe dann, an wie viele Städte du dich erinnern konntest und welche dir noch fehlen. Ist es dir leichtgefallen, dir die Städte mithilfe der Körperliste zu merken? Oder hattest du Schwierigkeiten? Warum?

Methoden zum Vokabellernen

Auf diesen drei Blättern findest du verschiedene Tipps, wie du dir das Vokabellernen erleichtern kannst. Probiere sie einfach einmal aus und finde heraus, welche für dich am besten funktionieren!

1. Vokabeln in Blöcke aufteilen

Teile dir die zu lernenden Vokabeln in Blöcke zu je 6 oder 7 Vokabeln auf. Der Hintergrund ist der, dass unser Arbeitsspeicher (das Kurzzeitgedächtnis) maximal 10 Informationen, in der Regel zwischen 5 und 7, speichert.

a) Beginne mit dem ersten Vokabelblock und versuche, dir für jede Vokabel mindestens 1 Minute Zeit zu lassen. Stelle dir dabei die Vokabel möglichst intensiv vor, z. B. als Bild oder Gegenstand, als Handlung, als Geräusch …
b) Beschäftige dich anschließend mit einer anderen Hausaufgabe, z. B. für Deutsch, Matheaufgaben, einen Text für Musik lesen …
c) Lerne anschließend den nächsten Vokabelblock usw.

Aber Achtung: Mehr als 30 Vokabeln am Tag zu lernen, schafft unser Gehirn nicht. Und wenn diese nicht entsprechend wiederholt werden, sind sie für unser Gedächtnis langfristig nicht zu merken.

2. Vokabeln visualisieren

- Stelle dir bei schwierigen Vokabeln ein Bild dazu vor, denn unser Gehirn kann sich Dinge im Zusammenhang mit Bildern viel besser merken.
- Schreibe dir eine Vokabel, die du immer wieder vergisst, auf ein Kärtchen auf. Hänge dieses Kärtchen auf oder platziere es so, dass es dir im Laufe des Tages immer wieder ins Auge fällt.
- Beschäftige dich verstärkt mit der Vokabel: Schreibe sie z. B. auf ein Kärtchen und male ein passendes Bild dazu, formuliere einen Satz mit der Vokabel und wiederhole sie so oft wie möglich!

3. Vokabeln mit allen Sinnen lernen

Lies dir den Text, in dem die neuen Vokabeln stehen, laut vor und spiele ihn als Rollenspiel durch, d. h., mache all das, was die Personen tun, die in dem Text vorkommen.
Erzähle dir die Geschichte im Anschluss an das Rollenspiel noch einmal laut selbst.
Auf diese Art und Weise hast du fast alle Vokabeln durchs Spiel gelernt.
Diese Methode eignet sich besonders, wenn du gut lernen kannst, während du in Bewegung bist.

4. „Eselsbrücken" bauen

Beim Vokabellernen oder für das Behalten von Fremdwörtern ist es auch sehr hilfreich, wenn du deine Fantasie einsetzt.

a) Dazu sprichst du die fremdsprachige Vokabel einmal deutsch aus …
b) … und stellst zwischen der Vokabel und dem deutschen Begriff anschließend eine Gedankenverbindung her – je verrückter, desto besser! Zwei Beispiele findest du auf der zweiten Seite.

Das Bild musst du so fest wie möglich mit der Bedeutung der Vokabel verknüpfen.

Methoden zum Vokabellernen

Beispiel aus dem Englischen:

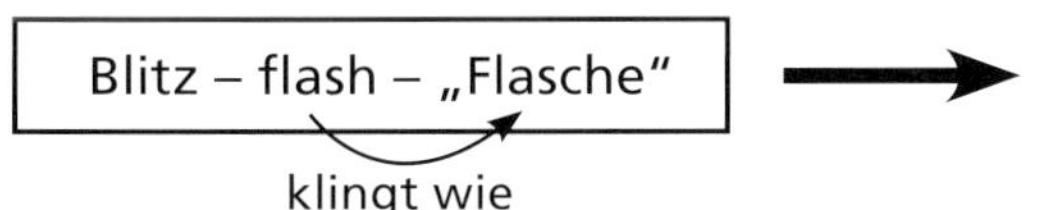

Stelle dir vor, auf dem Dach eures Hauses steht eine riesige, leuchtende *Flasche*. Ein *Blitz* schlägt ein und die *Flasche* zerbirst in unzählige Scherben.

Beispiel aus dem Französischen:

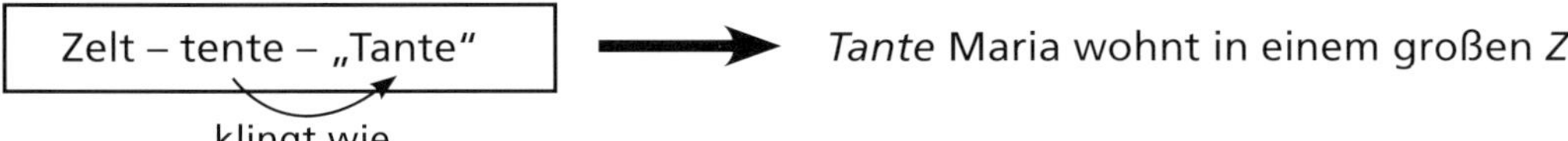

Tante Maria wohnt in einem großen *Zelt*.

5. Vokabeln mit Spielen lernen

- **Dominospiel:**
  Bestimmt hast du schon einmal Domino gespielt und weißt, wie die Spielsteine aussehen. Bei dieser Variante fertigst du dir deine „Dominosteine" selbst an.
  Dazu nimmst du mehrere Kärtchen und teilst sie wie Dominosteine in zwei Hälften auf. Anschließend schreibst du auf eine Hälfte eines Dominokärtchens eine Vokabel, dann malst du auf eine Hälfte eines anderen Dominokärtchens ein passendes Bild zu der Vokabel. Beim Spielen werden nun immer ein Wort und ein passendes Bild aneinandergelegt.

- **Memory®:**
  Auf eine Karte schreibst du das Wort in Deutsch (oder malst ein entsprechendes Bild), auf die andere Karte schreibst du die Übersetzung in der Fremdsprache. Beim Aufdecken dürfen wie beim Memory®-Spiel die passenden Karten behalten werden.

- **Texte zerlegen und zerschneiden als Textpuzzle:**
  Nimm einen Text in der Fremdsprache und zerschneide ihn in unterschiedliche Stücke, die du anschließend wieder richtig zusammenlegst. So lernst du die Vokabeln nicht isoliert als einzelne Begriffe, sondern im Zusammenhang eines Textes. Dadurch bekommst du auch gleich ein Gefühl dafür, wie und wann du die Vokabel beim Formulieren von Sätzen und Texten richtig einsetzen kannst.

6. Vokabeln mit der Lokalisationsmethode lernen (Loci-Methode)

Bei dieser Methode werden die Vokabeln mit Orten verknüpft oder dort „abgelegt".

a) Du stellst dir zunächst einen Weg (z. B. durch dein Zimmer) bildhaft vor und legst darauf „Merkpunkte" fest (z. B. den Nachttisch, dein Kopfkissen, die Fensterbank usw.).
b) An jedem Punkt legst du eine Vokabel ab und verknüpfst sie durch ein Bild mit dem Merkpunkt, z. B. plant = Pflanze: Du planst, eine Pflanze auf deine Fensterbank zu stellen.
c) Wenn du die Vokabel später brauchst, denkst du an diesen Ort und das dazugehörige Bild und kannst die Vokabel abrufen.

Methoden zum Vokabellernen

7. Vokabeln mit dem Karteikastensystem lernen (Lernkarteikasten)

In einem Lernkarteikasten befinden sich Karteikarten, auf deren Vorderseite das deutsche Wort steht. Auf der Rückseite ist die Übersetzung notiert. Wie im Bild rechts ist der Kasten in mehrere Fächer unterteilt. Zu Beginn stecken alle Karten in Fach 1. So kannst du damit lernen:

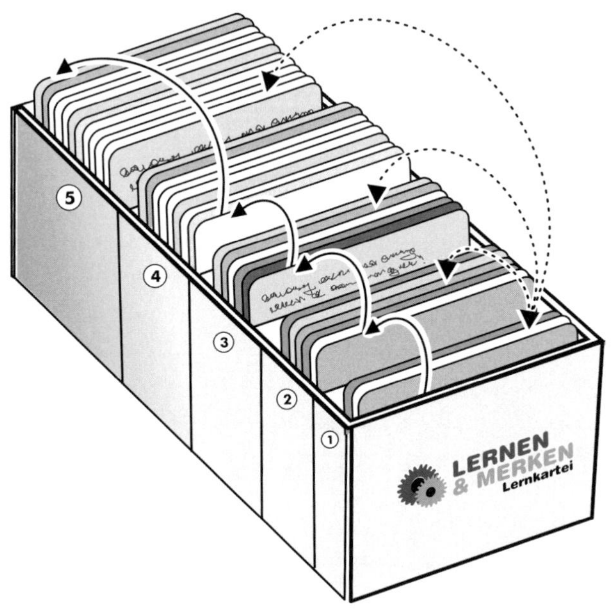

a) Du nimmst dir eine Karte aus Fach 1, liest das deutsche Wort auf der Vorderseite und überlegst dir, wie die Übersetzung lautet.

b) Anschließend schaust du auf der Rückseite nach, ob deine Antwort richtig war.
- → Bei richtiger Antwort wandert diese Karte in Fach 2,
- → bei einer falschen Antwort steckst du die Karte an den Schluss der Karteikarten in Fach 1.

c) Fach 2 bearbeitest du erst, wenn es fast voll ist (solange in Fach 1 noch viele Karten stecken, wiederholst du diese). Auch hier gilt – bei richtiger Antwort kommt die Karte in Fach 3, bei einer falschen Antwort wandert die Karte in Fach 1 zurück. Ebenso arbeitest du mit allen anderen Fächern der Lernkartei, d.h., richtig beantwortete Karten wandern ein Fach weiter, falsch beantwortete Karten kommen in Fach 1 zurück.

Fazit:
- → wirkungsvolles Lernen
- → wenig Zeitverbrauch
- → optimaler Lernerfolg

All diese Tipps, auch den für die Lernkartei, kannst du **auch für andere Fächer**, z.B. Deutsch, Geschichte, Erdkunde usw., anwenden!

Vorteil dieser Methode:
Vokabeln, die du dir nicht so gut merken kannst, wiederholst du am Anfang häufiger, bis sich diese eingeprägt haben. Vokabeln, die schnell „sitzen", kommen erst später wieder dran.
Du vermeidest also unnötige Wiederholungen und verschwendest keine Zeit. So kannst du sehr wirkungsvoll lernen, indem du dich mit jeder einzelnen Vokabel so intensiv auseinandersetzt, wie es jeweils nötig ist.

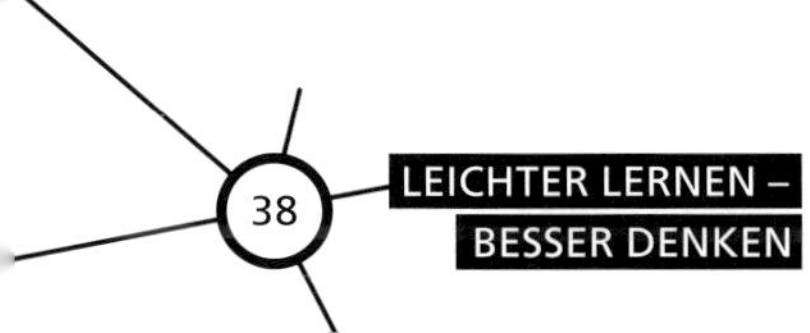

Merktechnik mit Zahlenbildern und -symbolen

Eine Möglichkeit zum Einprägen von Zahlen, wie z. B. Geschichtsdaten oder Geheimzahlen, aber auch zum Einprägen von Begriffsreihen oder Sätzen sind die Zahlenbilder. Dabei wird **jede Zahl fest mit einem passenden Bild oder Symbol verknüpft**. Die 2 kannst du z. B. mit einem Schwan verknüpfen (dessen Hals wie eine 2 gebogen ist), zur 11 passt gut ein Fußball (11 Spieler). Die zu lernenden Zahlen oder Begriffe werden dann – wie in einer **Bildergeschichte** – aneinandergereiht und so visuell gespeichert.
Zunächst musst du dir also für die gängigen Zahlen (z. B. von 0 bis 20) je ein Bild oder Symbol ausdenken und dir fest einprägen. Das Bild sollte in einem direkten Bezug zur Zahl stehen. Unten findest du Beispiele. Du hast natürlich jederzeit die Möglichkeit, dir **eigene Bilder/ Symbole** zu überlegen! Hast du dich jedoch einmal für ein Bild entschieden, solltest du dabei auch bleiben, sonst kommst du später durcheinander.

Vorteil dieser Methode:
Durch das Verknüpfen von Zahlen mit entsprechenden Bildern wird die Zahl für unser Gehirn zu etwas Konkretem, d. h., abstrakte Zahlen bekommen einen konkreten Sinn, weil sie plötzlich für uns bildlich vorstellbar sind. Dadurch können wir sie uns leichter merken.

Beispiele für die Zahlenbilder von 0 bis 20

0 = Ei **1** = Kerze **2** = Schwan **3** = Kaktus **4** = Stuhl **5** = Hand

6 = Elefantenrüssel **7** = Fahne **8** = Sanduhr **9** = Pfeife **10** = Gebote/Bibel

11 = Fußball **12** = Geisterstunde/Mitternacht **13** = Freitag **14** = Valentinstag/Herz

15 = Ritter **16** = Mofa/Teenager **17** = Kartenspiel „17 und 4“ **18** = Führerschein/Auto

19 = Abendessen **20** = Tagesschau

Merktechnik mit Zahlenbildern und -symbolen

Beispiel-Merkübung mit den Zahlenbildern 1 bis 9
Wie kann ich mir die Zahlenreihe 1659432278 merken? –
Ganz einfach, mit der folgenden Geschichte:

Da der Strom ausgefallen ist, brauche ich eine Kerze (1), damit ich nicht wie ein Elefant (6) im Porzellanladen durchs Zimmer laufe. In der anderen Hand (5) halte ich meine Pfeife (9) und setze mich damit auf einen Stuhl (4) am Fenster. Mein Blick fällt draußen auf einen großen Kaktus (3) und 2 Schwäne (2-2). Daneben flattert im Wind eine Fahne (7), auf der eine Sanduhr (8) abgebildet ist.

Übung zu den Zahlenbildern 1 bis 9

Versuche anhand der unten stehenden Schritte, dir folgende Zahlenreihe zu merken:

7 4 5 9 2 1 3 6 4 3 1

Aber Achtung: Du musst dir vorher für die Zahlen 1 bis 9 Bilder oder Symbole ausgedacht haben, die du dir gut eingeprägt hast. Eine Zahl muss in deinem Kopf so fest mit dem gewählten Bild verknüpft sein, dass du sie für jede neue Übung ganz schnell und leicht abrufen kannst.

Schritt 1 – Lege einen Zettel und einen Stift bereit.

Schritt 2 – Stelle dir nacheinander für jede Zahl in der Reihe ganz deutlich das Bild vor, das du damit zuvor verknüpft hast.

Schritt 3 – Erfinde nun eine Geschichte, die die einzelnen Zahlenbilder in der richtigen Reihenfolge miteinander verbindet:
Schreibe deine Geschichte zu dieser Reihe auf den bereitgelegten Zettel. Wenn du mit deiner Geschichte fertig bist, lies sie dir noch einmal durch und stelle dir dabei die entsprechenden Bilder dazu vor.

Schritt 4 – Decke dann deine Geschichte ab, wiederhole sie in Gedanken und schreibe dabei die Zahlen auf, an die du dich anhand deiner Geschichte noch erinnerst.

Schritt 5 – Überprüfe anschließend, ob du dich an alle Zahlen richtig erinnert hast. Ist es dir leichtgefallen, dir die Zahlenreihe mit den Zahlenbildern zu merken? Oder hattest du Schwierigkeiten? Warum?

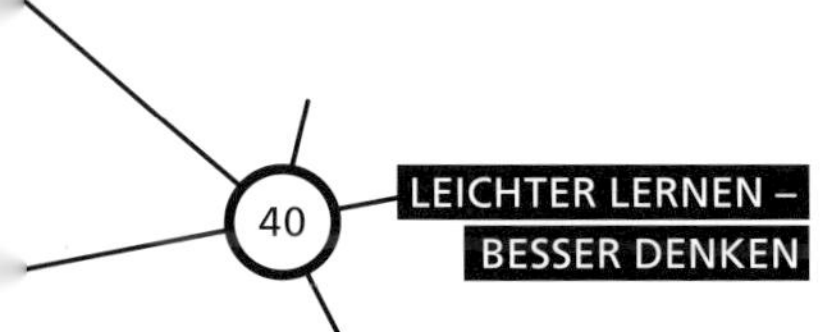

Merktechnik mit Zahlenbildern und -symbolen

1 2

Übung zu den Zahlenbildern 1 bis 20

Versuche anhand der unten stehenden Schritte, dir folgende Reihe von unterschiedlichen Begriffen zu merken:

Schokolade – Frosch – Eis – Klebstift – Luftballon – Banane – T-Shirt – Spaghetti – Milch – Schinken – Kopfkissen – Persil – Katze – Buch – Dreirad – Pizza – Handy – Apfelsaft – König – Stromausfall

Aber Achtung: Du musst dir vorher für die Zahlen 1 bis 20 Bilder oder Symbole ausgedacht haben, die du dir gut eingeprägt hast. Eine Zahl muss in deinem Kopf so fest mit dem gewählten Bild verknüpft sein, dass du sie für jede neue Übung ganz schnell und leicht abrufen kannst.

Schritt 1 – Lege einen Zettel und einen Stift bereit.

Schritt 2 – Beginne mit den ersten drei Begriffen – sie stehen in der Reihe an Position 1, 2 und 3:
1. Schokolade, 2. Frosch, 3. Eis

Schritt 3 – Verbinde nun die zu merkenden Begriffe mit den Zahlenbildern, die du dir für die Zahlen 1, 2 und 3 eingeprägt hast. Die Zahlenbilder verbindest du zu einer Geschichte.

Beispiel: Du stellst dir vor, dass du ein Stück Schokolade über eine Kerze (1) hältst und darauf wartest, bis die Schokolade geschmolzen ist. Während du darauf wartest, schaust du aus dem Fenster und siehst einen Schwan (2) vorbeilaufen, auf dessen Kopf ein Frosch sitzt. Im Garten vom Nachbarn steht ein Kaktus (3), den der Nachbarsjunge mit Eisbällchen bewirft.

Schritt 4 – Gehe so auch mit allen anderen Begriffen der Reihe vor. Wenn du alle Begriffe mit deinen Zahlenbildern verknüpft und deine Geschichte dazu auf deinem Zettel aufgeschrieben hast, lies dir noch einmal alles durch und stelle dir die entsprechenden Bilder dazu so genau wie möglich vor.

Schritt 5 – Decke dann deine Geschichte ab, wiederhole sie in Gedanken und schreibe alle Begriffe auf, an die du dich anhand deiner Geschichte noch erinnerst.

Schritt 6 – Überprüfe anschließend, an wie viele Begriffe du dich erinnern konntest. Ist es dir leichtgefallen, dir die Begriffe mit den Zahlenbildern zu merken? Oder hattest du Schwierigkeiten? Warum?

Tipp!
Wie bei allen Lern- und Merktechniken gilt auch hier: Übung macht den Meister!
Verliere also nicht gleich den Mut, wenn es nicht so schnell funktioniert, wie du dir das vielleicht vorgestellt hast.

ERKO-Methode

„ERKO-Methode" steht für „Ersatzkonsonanten-Methode". Sie hilft dir, dass du dir Zahlen besser merken kannst. Die **Zahlen** werden bei dieser Methode **durch bestimmte Konsonanten (Mitlaute) ersetzt**: Sie bilden das Grundgerüst für die **Zahlen-Merkwörter**. Bereits im 17. Jahrhundert wurde dieses System von Gelehrten erdacht und in den folgenden Jahrhunderten weiter entwickelt.
Auf den ersten Blick sieht es zwar ziemlich kompliziert aus, mit ein wenig Übung kannst du jedoch mithilfe des ERKO-Systems Zahlen oder Zahlenreihen, die du dir merken willst, sehr schnell in Wörtern ausdrücken. Diese Wörter dienen dir dann wiederum als Merkhilfe bzw. Anker, da die Zahlen zu etwas Konkretem und somit für dein Gehirn vorstellbar werden.

1 = t, d	**2 = n**	**3 = m**	**4 = r**	**5 = L**
6 = sch, ch, x	**7 = g, k, ck, q, j**	**8 = f, v**	**9 = b, p**	**0 = s, z, c, ß**

Damit sich die Konsonanten besser einprägen, empfiehlt es sich, sogenannte Eselsbrücken zu bauen, z. B.:

1 = sieht aus wie ein „t", das sich ähnlich ausspricht wie ein „d"
2 = „n" hat zwei Striche nach unten
3 = „m" hat drei Striche nach unten
4 = „r", denn „vier" endet mit „r"
5 = „L" liegt im oberen Teil der 5; außerdem ist „L" bei römischer Schreibweise der Buchstabe für 50
6 = „s*ch" und „ch" kommen darin vor
7 = „g" wie in sieben Zwerge; das „g" ähnelt in der Aussprache dem „k", „ck" und „q"; „J" gleicht einer umgedrehten 7
8 = „f", „v": Eine 8er-Bahn-Fahrt macht Vergnügen
9 = „b" und „p" haben beide einen runden „Bauch" wie die 9
0 = „z", denn Null heißt auf Englisch „zero"; „s" wie in der Zahlenkombination 007 (Null-Null-Sieben)

Vorteil dieser Methode:
Zahlen können gebündelt werden und man braucht sich nicht so viele einzelne Bilder zu merken. Wichtig ist jedoch, dass man sich die Bilder so genau wie möglich vorstellt.

Willst du dir eine Zahl merken, schreibst du sie zunächst in Konsonanten um und ergänzt dann Vokale, sodass ein richtiges Wort entsteht.

Beispiele:

0 = s ➔ See   14 = t + r ➔ Tür   742 = g + r + n ➔ Gehirn
5127 = l + t + n + g ➔ Leitung   3950 = m + p + l + s ➔ Impulse

ERKO-Methode

1 2

Am besten bildest du aus den gängigsten Zahlen feste Merkwörter, die du immer wieder verwendest.

> **Tipp!**
> Sofern du keine eigenen Merkwörter findest, kannst du im Internet auf der Seite **Merk-o-mat** (www.zahlen-merken.de) nachschauen. Hier wird aus jeder beliebigen Zahlenreihe automatisch ein Wort erstellt.

Mögliche Merkwörter für die Zahlen von 1 bis 30:

1 = Tee	**11** = Teddy	**21** = Naht
2 = Noah	**12** = Ton	**22** = Nina
3 = Emu	**13** = Dom	**23** = Name
4 = Reh	**14** = Tor	**24** = Niere
5 = Leu	**15** = Tal	**25** = Nil
6 = Asche	**16** = Tasche	**26** = Nixe
7 = Auge	**17** = Tag	**27** = Nicki
8 = Fee	**18** = Tofu	**28** = Nivea
9 = Po	**19** = Tuba	**29** = Anbau
10 = Dose/Tesa	**20** = Nase	**30** = Moos

Man kann auch **ganze Sätze um die Merkwörter spinnen**, um sich schwierigere Zahlenreihen zu merken. So ein Satz hilft dir auch, dir die Situation oder das Thema rund um die zu merkende Zahl noch bildhafter vorzustellen.

Beispiele: **Wie merke ich mir …**

a) **… die Höhe des Kölner Doms? (157,38 Meter)**
Ich zerlege die Höhenangabe in zwei Zahlenreihen: 1 5 7 + 3 8
und denke mir für jede Zahlenreihe ein Merkwort aus: Theologe + Mofa
Dann formuliere ich einen ganzen Satz:

Ein **Theologe** fährt auf einem **Mofa** um den Kölner Dom.

b) **… das Geburtsjahr von Albert Schweitzer? (1875)**
Ich zerlege das Jahr in zwei 2-stellige Zahlen: 1 8 + 7 5
und denke mir für jede von ihnen ein Merkwort aus: Tofu + Kohl
Dann formuliere ich einen ganzen Satz:

Albert Schweitzer aß gern **Tofu** mit **Kohl**.

c) **… das Datum, an dem die „Titanic" gesunken ist? (15.04.1912)**
Ich zerlege das Datum in zwei Zahlenreihen: 1 5. 0 4.+ 1 9 1 2
und denke mir für jede Zahlenreihe ein Merkwort aus: Toulouser + Tapeten
Dann formuliere ich einen ganzen Satz:

Auf der „Titanic" waren die Kabinen mit **Toulouser Tapeten** tapeziert.

ERKO-Methode

Erste Übung zur ERKO-Methode

a) Wandle die folgenden Zahlenreihen anhand der unten stehenden Schritte in Merkwörter um:

874 = ... ➔ .... und 3452 = ... ➔ ....

b) Wandle außerdem die folgenden Wörter in Zahlenreihen um (hier wendest du die ERKO-Methode sozusagen rückwärts an):

„denken" = ... ➔ .... und „Computer" = ... ➔ ....

Aber Achtung: Du musst dir vorher gut eingeprägt haben, welcher Konsonant für welche Zahl steht, sodass du auf dieses ERKO-System für jede neue Übung ganz schnell und leicht zurückgreifen kannst.

Schritt 1

a) Notiere hinter den vorgegebenen Zahlen zunächst die einzelnen Konsonanten, für die sie stehen.

b) Schreibe außerdem die beiden vorgegebenen Wörter ohne Vokale auf, sodass nur Konsonanten auf der Linie stehen.

Schritt 2

a) Fülle die Konsonanten, die für die Zahlen stehen, nun mit Vokalen auf, sodass jeweils ein richtiges Wort entsteht, und schreibe es auf die Linie hinter dem Pfeil.

b) Wandle die Konsonanten, die du aus den beiden vorgegebenen Wörtern abgeschrieben hast, in die passenden Zahlen um, sodass jeweils eine Zahlenreihe entsteht.

Schritt 3 – **Überprüfe dann anhand der ERKO-Tabelle, ob du den Zahlen die richtigen Konsonanten bzw. den Konsonanten die richtigen Zahlen zugeordnet hast. Ist es dir leicht gefallen, passende Wörter zu den Zahlen zu finden bzw. die vorgegebenen Wörter in Zahlen umzusetzen? Oder hattest du Schwierigkeiten? Warum?**

Weitere Übungen zur ERKO-Methode

Zerlege die folgenden Zahlenreihen, wenn nötig, in mehrere Teile, notiere die entsprechenden Konsonanten und entwickle daraus für jede ein oder mehrere Merkwörter. Verbinde mehrere Merkwörter in einem Satz.

a) Höhe des Eiffelturms: 324,82 Meter

Ersatzkonsonanten: ....

Merkwort/-wörter: ....

Satz: ....

....

b) Beginn der Französischen Revolution: 1789

Ersatzkonsonanten: ....

Merkwort/-wörter: ....

Satz: ....

....

c) Geburtsjahr von Ludwig van Beethoven: 1770

Ersatzkonsonanten: ....

Merkwort/-wörter: ....

Satz: ....

....

Merksätze mit bestimmten Anfangsbuchstaben

Bei dieser Lernmethode werden die **Anfangsbuchstaben der zu merkenden Wörter** zum „Anker“ für einen **Merksatz**.

Beispiele:
Die acht Planeten in der Reihenfolge ihrer Entfernung zur Sonne:

Merkur	**V**enus	**E**rde	**M**ars	**J**upiter	**S**aturn	**U**ranus	**N**eptun
Mein	**V**ater	**e**rzählt	**M**ama	**j**eden	**S**onntag	**u**nglaubliche	**N**euigkeiten.

Die ostfriesischen Inseln in der Reihenfolge von Osten nach Westen:

Wangerooge	**S**piekeroog	**L**angeoog	**B**altrum	**N**orderney	**J**uist	**B**orkum
Welcher	**S**chüler	**l**iest	**b**ei	**N**acht	**j**etzt	**B**ücher?

Die deutschen Bundeskanzler:

Adenauer	**E**rhardt	**K**iesinger	**B**randt	**S**chmidt	**K**ohl	**S**chröder	**M**erkel
Adele	**e**rzählt	**K**im	**b**eim	**S**chlafengehen	**k**leine	**S**chauer-	**m**ärchen.

Die deutschen Bundespräsidenten:

Heuss	**L**übke	**H**einemann	**S**cheel	**C**arstens	v. **W**eizsäcker	**H**erzog
Heino	**l**obt	**H**eidis	**s**charfe	**C**urrysoße,	**w**ährend	**H**ermann
Rau	**K**öhler	**W**ulff	**G**auck			
riesige	**K**irsch-	**W**affeln	**g**enießt.			

Vorteil dieser Methode:
Die Anfangsbuchstaben der Merksätze dienen uns als „Anker“. Dadurch fällt es unserem Gehirn leichter, die damit verknüpften Begriffe abzurufen.

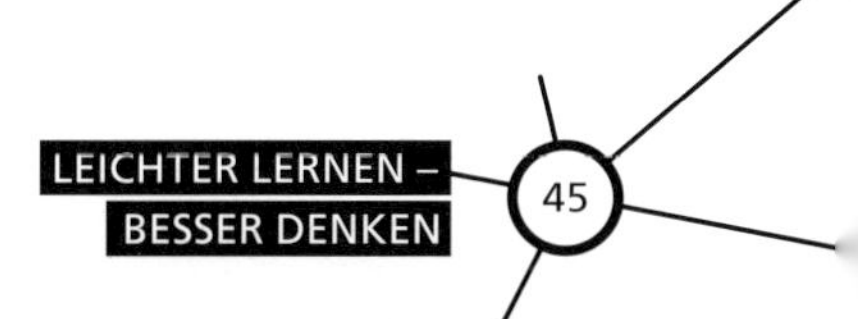

Merksätze mit bestimmten Anfangsbuchstaben

Übung zum Entwickeln von Merksätzen mit bestimmten Anfangsbuchstaben

Formuliere einen Merksatz oder mehrere Merksätze zu den 16 deutschen Bundesländern, die Reihenfolge der Bundesländer spielt keine Rolle:

Bayern – Niedersachsen – Baden-Württemberg – Nordrhein-Westfalen – Brandenburg – Mecklenburg-Vorpommern – Hessen – Sachsen – Sachsen-Anhalt – Rheinland-Pfalz – Thüringen – Schleswig-Holstein – Saarland – Berlin – Hamburg – Bremen

Schritt 1 – **Lege einen Zettel und einen Stift bereit.**

Schritt 2 – **Schreibe einen Merksatz auf, bei dem die Anfangsbuchstaben der einzelnen Wörter den Anfangsbuchstaben der Bundesländer entsprechen. Du kannst erst einmal mit kurzen Sätzen für nur ein paar der Länder anfangen.**
Beispiel: **He**rbert (**He**ssen) **bade**t (**Bade**n-Württemberg) **sa**mstags (**Sa**chsen) **nie** (**Nie**dersachsen).

Schritt 3 – **Wenn du deine Sätze zu allen Bundesländern formuliert hast, lies sie dir noch einmal durch und stelle dir deine Sätze dabei bildhaft vor.**

Schritt 4 – **Decke dann deine Sätze ab, wiederhole sie in Gedanken und schreibe dabei alle Bundesländer auf, an die du dich anhand deiner Sätze noch erinnerst.**

Schritt 5 – **Überprüfe anschließend, an wie viele Bundesländer du dich erinnern konntest. Ist es dir leichtgefallen, dir die Bundesländer mit dieser Methode zu merken? Oder hattest du Schwierigkeiten? Warum?**

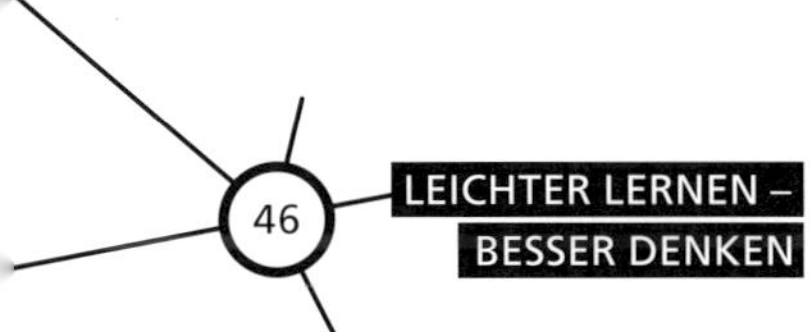

ÜFLAT-Methode

Die ÜFLAT-Methode hilft dir beim Lesen schwieriger Texte. Mit ihr verstehst du den Inhalt besser und kannst ihn dir dann leichter merken.

Die Anleitung dafür versteckt sich in den einzelnen Buchstaben des Methoden-Namens:

Ü → den Text zunächst nur **ü**berfliegen, um dir einen Überblick zu verschaffen

F → **F**ragen zum Text erstellen
- Was will ich über den Text erfahren?
- Worauf gibt er mir Antworten?

L → erst dann den Text sorgfältig **l**esen

A → anschließend die wichtigsten **A**ussagen zusammenfassen
- Was ist mir in Erinnerung geblieben?
- Was waren die Aussagen?

T → die Erinnerung durch Beantworten der unter Schritt 2 gestellten Fragen **t**esten

Vorteile dieser Methode:
Diese Methode ermöglicht dir eine **intensive Auseinandersetzung** mit dem Text. Da du dir den Inhalt dabei **schrittweise** erschließt, wird er verständlicher.
Die Methode erleichtert dir das **zielgerichtete Lesen**, indem deine Aufmerksamkeit auf das Wesentliche gelenkt wird (was sind die Hauptaussagen des Textes?).
Durch die Formulierung eigener Fragen wird das **persönliche Interesse am Text** nicht aus den Augen verloren (was will ich erfahren/lernen?).
Diese Methode eignet sich nicht nur gut für schwierige Texte, sondern auch ganz allgemein, wenn du Probleme hast, dich auf einen Text zu konzentrieren.
Sie ist auch gut geeignet für ein Fach, bei dem du Schwierigkeiten hast.

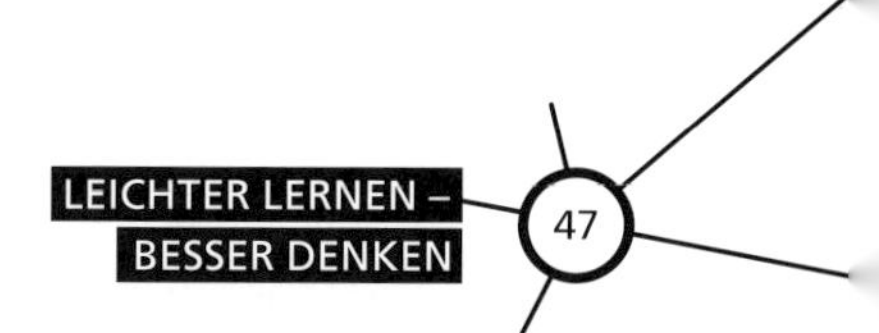

ÜBUNGSTEIL

Einführende Hinweise zum Übungsteil

Die **vielfältigen Übungsmaterialien** dieses Kapitels decken folgende, bereits im Vorwort näher erläuterte **Trainingsbereiche** ab:

- Konzentration
- Wort- und Sprachschatz
- Assoziatives Denken
- Logisches Denken
- Fantasie und Kreativität

Sie lassen sich **ganz nach Ihrem Bedarf flexibel einsetzen** – sei es als motivierende Abwechslung vom üblichen Schulstoff in einer Rand- oder Vertretungsstunde, als kurze Übung zwischendurch, um Restminuten sinnvoll zu füllen oder um nach einer aktiven Phase wieder Ruhe in die Klasse zu bekommen, oder auch als sinnvolle Beschäftigung schneller Schüler, die eine Aufgabe deutlich früher abgeschlossen haben als es von der restlichen Klasse zu erwarten ist. Egal ob Sie nur zehn Minuten Zeit haben oder eine ganze Stunde, zur Verfügung steht – die kleinen „Denkpausen" lohnen sich immer und lassen sich **ohne Vorbereitung und aufwändiges Material** umsetzen. Sie müssen lediglich die gewählten Übungsblätter mit den dazugehörigen Lösungen kopieren und die Schüler benötigen nicht mehr als einen Stift und eventuell ein leeres Blatt. Einzige **Ausnahme** bilden folgende, als Spiele konzipierte, Übungen:

- **„18 im Quadrat"** (S. 71 f.) – Hier werden pro Schüler/Gruppe 18 Münzen, Knöpfe o. Ä. benötigt.
- **Wortfindungsspiel „Zusammengesetzte Wörter"** (S. 83 ff.) – Für dieses Spiel müssen zu Beginn die Materialblätter laminiert und dann in einzelne Bildkarten zerschnitten werden.
- **Zuordnungsspiel „Länder und ihre Flaggen"** (S. 100 ff.) – Für dieses Spiel müssen ebenfalls zu Beginn die Materialblätter laminiert und dann in einzelne Bildkarten zerschnitten werden. Darüber hinaus sollte ein Atlas zur Lösungskontrolle bereitliegen.

Da es zu allen Übungen separate **Lösungsblätter** gibt, die von den Schülern auch zur **Selbstkontrolle** genutzt werden können, eignen sich die Übungen hervorragend für die **Freiarbeit**. Dafür bietet es sich an, die Materialien an einer **„Lerntheke"** bereitzustellen. Dabei können Sie die Kopien der Übungs- und Lösungsblätter, nach Trainingsbereich sortiert, in einem durch Trennstreifen strukturierten Freihandordner oder in einzelnen Ablagekästen zur Verfügung stellen. In jedem Fall ist es wichtig, die einzelnen **Trainingsbereiche eindeutig zu kennzeichnen**, sodass die Schüler bewusst wählen können, aus welchem Bereich sie als Nächstes eine Übung absolvieren.

Da Schüler in der Regel motivierter sind, Aufgaben zu bearbeiten, wenn sie wissen, warum sie dies tun sollen und welchen Vorteil sie daraus ziehen können (Stichwort „Lernen durch Einsicht", vgl. S. 10), wurden den Übungsmaterialien **Infoblätter** vorangestellt (S. 51–54), die die Schüler darüber informieren, **worauf die Übungen der einzelnen Trainingsbereiche abzielen**, und so die **Lernreflexion fördern**. Diese Blätter können ebenfalls an die Schüler ausgeteilt oder an der Lerntheke bei den jeweiligen Übungsmaterialien abgeheftet bzw. ausgelegt werden.

Um den **Kopieraufwand** zu **verringern**, ist es auch denkbar, die Lösungsblätter nicht für jeden Schüler, sondern nur einmal zu kopieren und in einer **Lösungsmappe** zusammenzufassen. Die Schüler können sich dann das Lösungsblatt zu der von ihnen bearbeiteten Übung für die Selbstkontrolle kurzzeitig ausleihen, bringen das Blatt danach aber wieder zur Lerntheke zurück.

Warum Übungen für die Konzentration?

Bestimmt kennst du das auch: Wenn du nicht richtig bei der Sache bist, während du etwas tust, verlierst du ständig den Faden und musst z. B. einen Absatz 3-mal lesen, bevor der Inhalt richtig bei dir ankommt. Das macht dann keinen Spaß mehr und du verlierst unnötig Zeit.
Mit Konzentrationsübungen kannst du trainieren, deine **Aufmerksamkeit voll und ganz auf eine bestimmte Sache zu lenken**. Du übst also, ganz genau hinzusehen oder hinzuhören, ohne dich dabei von irgendetwas ablenken zu lassen. Das hilft dir dabei, **schneller Informationen aufzunehmen** (z. B. wenn du einen Text liest) oder auch **Aufgabenstellungen schneller und besser zu verstehen** (z. B. in einer Klassenarbeit).
Die Konzentrationsfähigkeit ist von Mensch zu Mensch verschieden und hängt von vielen Dingen ab, z. B. davon, wie sehr dich das Thema interessiert, ob du gesund und ausgeschlafen oder schlapp und müde bist, oder auch einfach davon, wie deine Tagesform gerade ist. Darüber hinaus lässt sich Konzentration aber eben auch gezielt trainieren – je regelmäßiger du kleine Konzentrationsübungen machst, desto leichter fällt es dir, deine ungeteilte Aufmerksamkeit auf eine Sache zu lenken.

Aus diesen Übungen für die Konzentration kannst du wählen

- Suchaufgabe
- Schau genau: Smiley-Kombination suchen
- Schau genau: Pfeile-Kombination suchen
- Schau genau: Tiere suchen
- Schau genau: Zahlenreihe
- Schau genau: Summe 13 suchen
- Schau genau: Fehlerteufel
- Schau genau: Alphabet
- 18 im Quadrat

Wie bearbeite ich die Übungen und was brauche ich dafür?

Alle Konzentrationsübungen werden von dir in **Einzelarbeit** gelöst, damit dich nichts und niemand ablenkt.
Benötigt werden jeweils das entsprechende **Übungsblatt** sowie das dazugehörige **Lösungsblatt**.

Ein Hinweis:
Bei dem Spiel **„18 im Quadrat"** werden neben dem Übungsblatt zusätzlich **18 Münzen, kleine Knöpfe o. Ä.** benötigt, die dir dein Lehrer zur Verfügung stellt.
Du kannst diese Übung **allein, mit einem Partner oder mit der ganzen Klasse** durchführen. Ihr könnt dann ein kleines Wettrennen veranstalten: Wer hat zuerst eine Lösung gefunden?

Warum Übungen für den Wort- und Sprachschatz?

Im Laufe deines Lebens lernst du immer wieder neue Wörter. Diese speichert dein Gehirn ab, und so entsteht in deinem Kopf eine Sammlung, aus der du auch Wörter auswählst, wenn du selbst etwas sagen oder schreiben möchtest. Diese Sammlung ist also sehr wichtig für dich, sie ist sozusagen ein wertvoller Schatz – dein „Wortschatz".
Man unterscheidet zwischen passivem und aktivem Wortschatz. Zu deinem **passiven Wortschatz** zählen alle Wörter, die du kennst oder erkennst. Durch ihn kannst du gesprochene Wörter oder geschriebene Wörter verstehen, indem du die Bedeutung des gehörten oder gelesenen Wortes aus deinem Gedächtnis abrufen kannst.
Zu deinem **aktiven Wortschatz** zählen alle Wörter, die du aktiv verwendest. Durch ihn bist du in der Lage, dich verständlich auszudrücken, indem du zu einer bestimmten Bedeutung das entsprechende Wort aus deinem Gedächtnis abrufen und sagen oder aufschreiben kannst.
Je größer dein aktiver Wortschatz ist, desto leichter fällt es dir, deine Gedanken oder einen Sachverhalt in Worte zu fassen – das ist z. B. wichtig, wenn du einem Freund etwas erzählen willst oder auch wenn du in der Schule einen Aufsatz schreiben sollst.
Dies lässt sich mit bestimmten Übungen trainieren. Dabei lernst du, dir deinen **Wortschatz bewusst zu machen** und **Wörter aus deinem passiven Wortschatz abzurufen**, damit du sie dann aktiv benutzen kannst. So **bildest du deinen aktiven Wortschatz weiter aus**.

Aus diesen Übungen für den Wort- und Sprachschatz kannst du wählen

- Chaos im Schulmäppchen
- Neue Wörter bilden
- Brückenwörter „Eis"
- Buchstabentausch
- Was wird hier gesucht?
- Wortfindungsspiel: Zusammengesetzte Wörter

Wie bearbeite ich die Übungen und was brauche ich dafür?

Alle Übungen können von dir **allein, mit einem Partner oder in der Gruppe** bearbeitet werden.
Aber Achtung: Zwar macht es zu zweit oder mit mehreren oft mehr Spaß – es kann dann aber auch passieren, dass jemand schneller ist als du und die Lösung verrät, auf die du auch selbst gekommen wärst, wenn du etwas mehr Zeit zum Nachdenken gehabt hättest. Das ist ganz schön ärgerlich. Vielleicht versuchst du erst einmal allein, die Lösung zu finden, und erst wenn du nicht mehr weiterkommst, tust du dich mit einem Partner oder einer Gruppe zusammen.
Für jede Übung werden das entsprechende **Übungsblatt** sowie das dazugehörige **Lösungsblatt** benötigt.

<u>**Ein Hinweis:**</u>
Das Spiel **„Zusammengesetzte Wörter"** wird in der **Gruppe** gespielt. Hierfür gibt es kein Übungsblatt, stattdessen spielt ihr mit **Bildkarten**.

© Verlag an der Ruhr | Autorin: Sabine Kelkel | ISBN 978-3-8346-3064-3 | www.verlagruhr.de

Warum Übungen für assoziatives Denken?

Beim assoziativen Denken stellst du **Gedankenverbindungen** zu vorgegebenen Begriffen oder Themen her und verknüpfst neue Informationen mit bereits gespeicherten. Das ist wichtig, damit du dir die **Dinge leichter merken** kannst und nicht so schnell wieder vergisst. So behältst du eine neue Vokabel z. B. besser, wenn du dir dazu eine Eselsbrücke, also eine Gedankenstütze, baust, als wenn du sie einfach nur auswendig zu lernen versuchst. Je mehr Verknüpfungen vorhanden sind, desto leichter lässt sich der Begriff oder das Thema aus deinem Gedächtnis abrufen, das heißt: desto besser funktioniert dein Gedächtnis.
Mit den passenden Übungen kannst du deine Fähigkeit, dein **Wissen zu vernetzen**, trainieren.

Aus diesen Übungen für assoziatives Denken kannst du wählen

- Beziehungskiste
- Süßigkeiten-Quiz
- Teekessel-Wörter
- Gruppeneinteilung
- Rätselhaftes
- Zuordnungsspiel: Länder und ihre Flaggen

Wie bearbeite ich die Übungen und was brauche ich dafür?

Alle Übungen können von dir **allein, mit einem Partner oder in der Gruppe** bearbeitet werden.
Aber Achtung: Zwar macht es zu zweit oder mit mehreren oft mehr Spaß – es kann dann aber auch passieren, dass jemand schneller ist als du und die Lösung verrät, auf die du auch selbst gekommen wärst, wenn du etwas mehr Zeit zum Nachdenken gehabt hättest. Das ist ganz schön ärgerlich. Vielleicht versuchst du erst einmal allein, die Lösung zu finden, und erst wenn du nicht mehr weiterkommst, tust du dich mit einem Partner oder einer Gruppe zusammen.
Für jede Übung werden das entsprechende **Übungsblatt** sowie das dazugehörige **Lösungsblatt** benötigt.

Ein Hinweis:
Das Spiel **„Länder und ihre Flaggen"** wird in der **Gruppe** gespielt.
Hierzu gibt es kein Übungsblatt, stattdessen spielt ihr mit **Bildkarten**. Nutzt den **Atlas**, um eure Ergebnisse zu kontrollieren!

Warum Übungen für logisches Denken?

Mit den Übungen für logisches Denken trainierst du deine Fähigkeit, **aus bekannten Informationen neues Wissen abzuleiten** und **auf einen neuen Zusammenhang zu übertragen**. Durch logisches Denken fällt es dir auch leichter, zu erkennen, warum etwas passiert oder ist, wie es ist (Ursache), und was eine Handlung für Folgen mit sich bringt (Wirkung). Das hilft dir, wenn du ein Problem lösen musst.

Aus diesen Übungen für logisches Denken kannst du wählen

- Logisches Rätsel: Im Feriencamp
- Logische Zahlenreihen: Wie geht es weiter?
- Alles logo?
- Wochentage gesucht
- Ausschließen

Wie bearbeite ich die Übungen und was brauche ich dafür?

Alle Übungen können von dir **allein, mit einem Partner oder in der Gruppe** bearbeitet werden. **Aber Achtung:** Zwar macht es zu zweit oder mit mehreren oft mehr Spaß – es kann dann aber auch passieren, dass dir jemand die Lösung verrät, auf die du mit etwas mehr Zeit auch selbst gekommen wärst. Vielleicht versuchst du also erst einmal allein, die Lösung zu finden, und erst wenn du nicht mehr weiterkommst, tust du dich mit einem Partner oder einer Gruppe zusammen.
Für jede Übung werden das entsprechende **Übungsblatt** sowie das dazugehörige **Lösungsblatt** benötigt.

Warum Übungen für die Fantasie und Kreativität?

Übungen, die deine Fantasie anregen, ermöglichen es dir, **gewohnte Denkbahnen zu verlassen**, um **neue Ideen zu entwickeln** und neue, **kreative Lösungsansätze zu finden**, wenn du vor einem Problem stehst und damit einfach nicht weiterkommst. Dabei spielt es eine große Rolle, dass du übst, dir die **Dinge bildhaft vorzustellen**. Vokabeln, Daten oder sonstige Informationen lassen sich wesentlich besser behalten, wenn du sie mit Bildern verknüpfst.

Aus diesen Übungen für Fantasie und Kreativität kannst du wählen

- Reimübung
- Fantasieübung
- Malen und Zeichnen: Bilder aus Motiven
- Malen und Zeichnen: Zusammengesetzte Wörter
- Elfchen

Wie bearbeite ich die Übungen und was brauche ich dafür?

Alle Übungen können von dir **allein, mit einem Partner oder in der Gruppe** bearbeitet werden. **Aber Achtung:** Zwar macht es zu zweit oder mit mehreren oft mehr Spaß – es kann dann aber auch passieren, dass dir jemand die Lösung verrät, auf die du mit etwas mehr Zeit auch selbst gekommen wärst. Vielleicht versuchst du also erst einmal allein, die Lösung zu finden, und erst wenn du nicht mehr weiterkommst, tust du dich mit einem Partner oder einer Gruppe zusammen.
Für jede Übung werden das entsprechende **Übungsblatt** sowie das dazugehörige **Lösungsblatt** benötigt.

Suchaufgabe

Welche der abgebildeten Gegenstände gehören sinngemäß zusammen? Ordne den Buchstaben die passende Zahl zu und trage dein Ergebnis in die unten stehende Lösungsleiste ein.

A
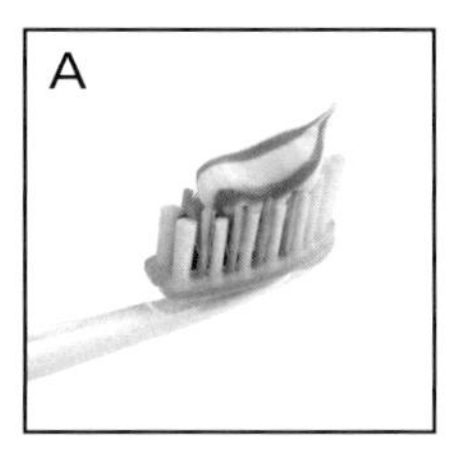

E
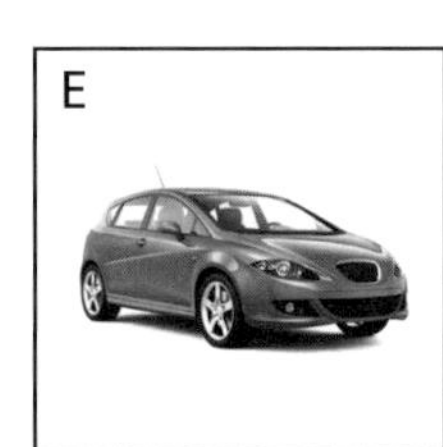

2
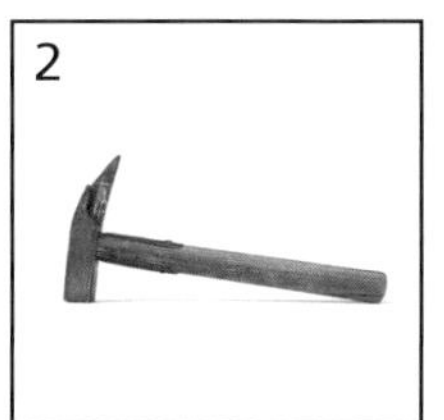

C

5

4

B
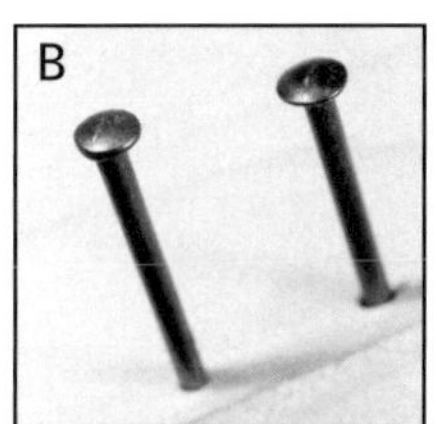

1
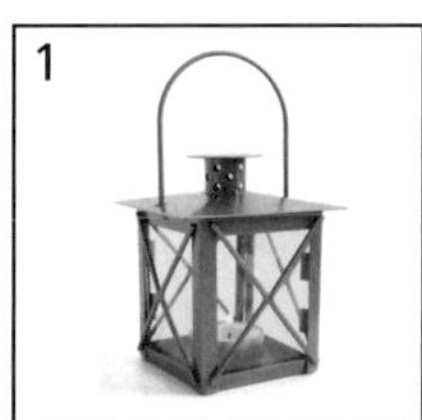

G

7

H
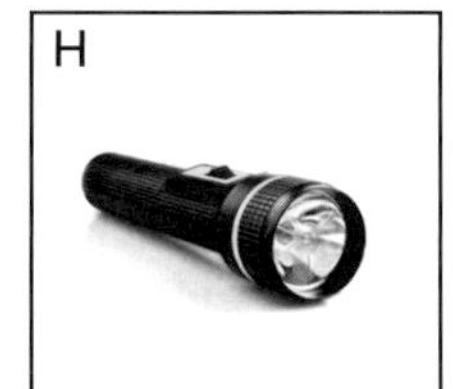

6

K

3

D

10

9
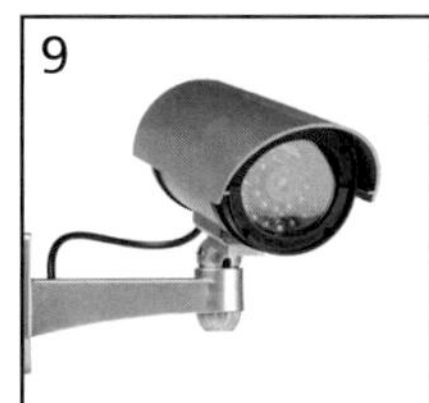

I

J

F

8

Lösung: A → ...., B → ...., C → ...., D → ...., E → ...., F → ....,
G → ...., H → ...., I → ...., J → ...., K → ....

Ein Gegenstand hat kein Gegenstück – welcher ist es? Gegenstand ....

© Verlag an der Ruhr | Autorin: Sabine Kelkel | ISBN 978-3-8346-3064-3 | www.verlagruhr.de

Suchaufgabe

Welche der abgebildeten Gegenstände gehören sinngemäß zusammen? Ordne den Buchstaben die passende Zahl zu und trage dein Ergebnis in die unten stehende Lösungsleiste ein.

A E 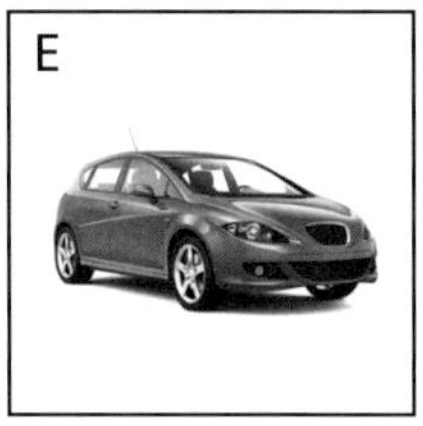 2 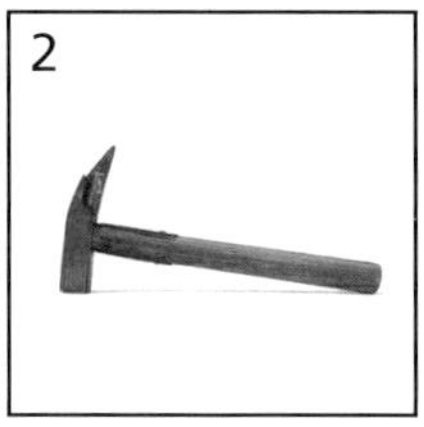 C 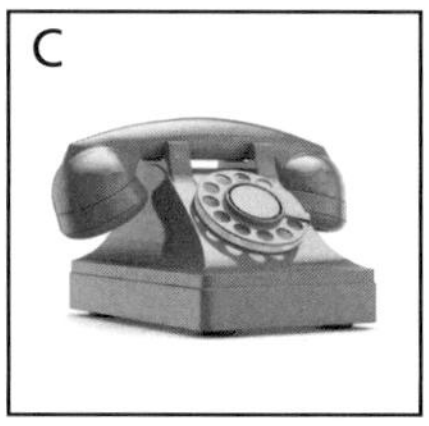 5

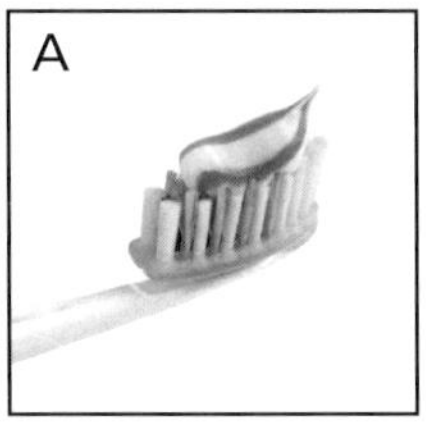

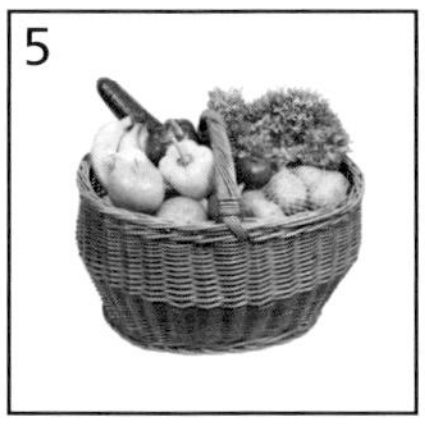

4 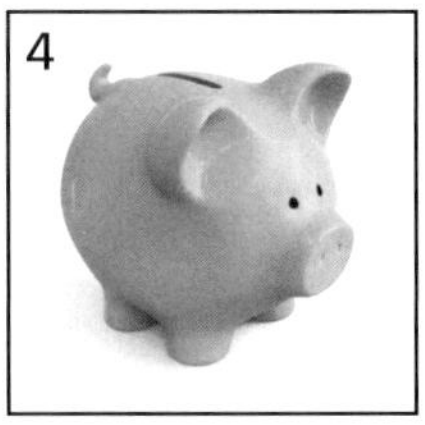 B 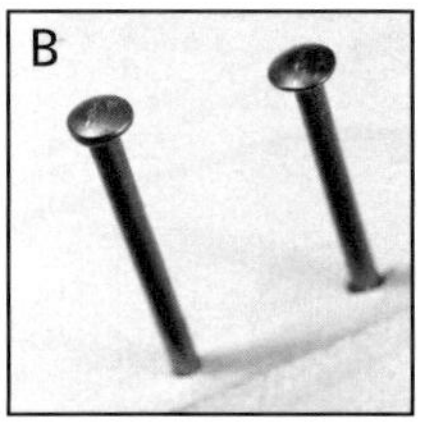 1 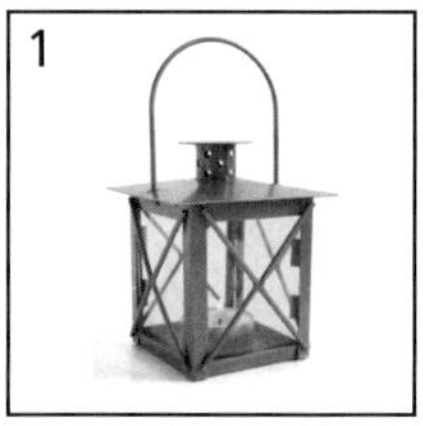 G 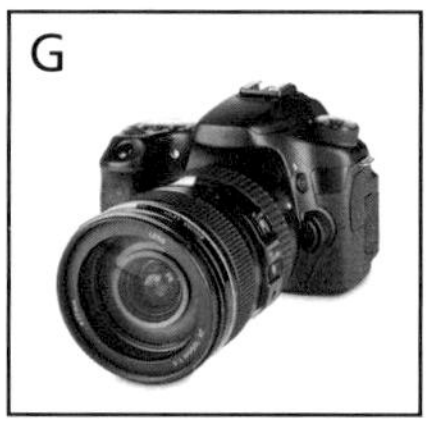 7

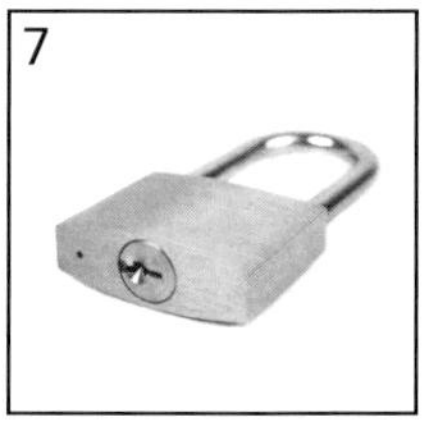

H 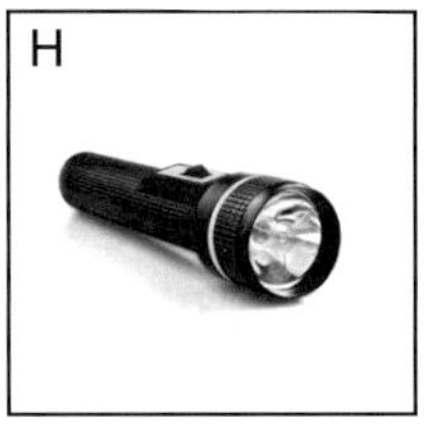 6 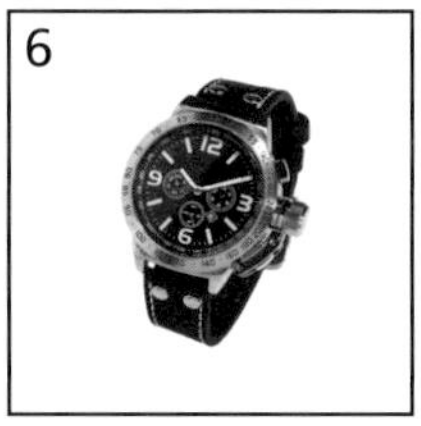 K 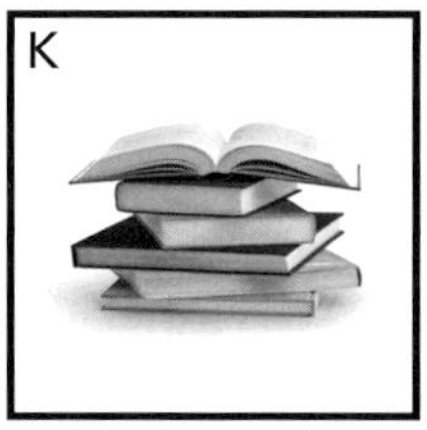 3 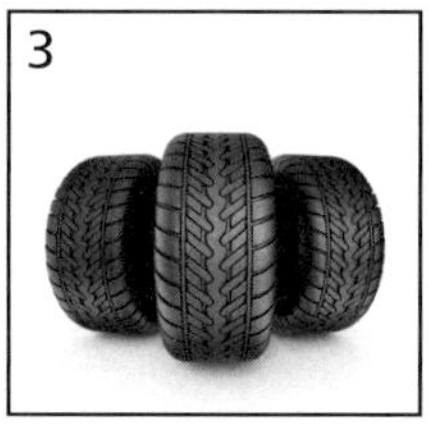 D

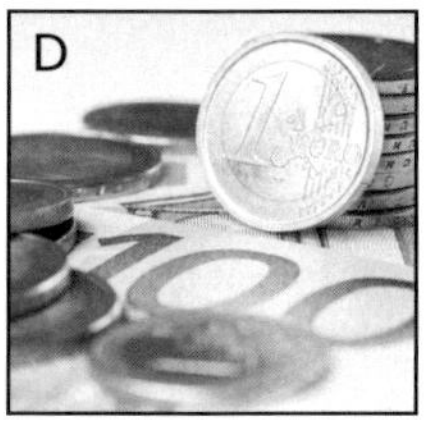

9 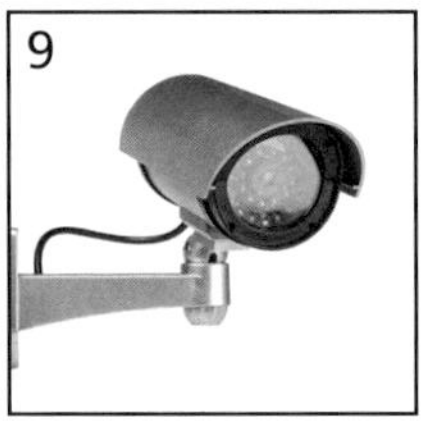 10

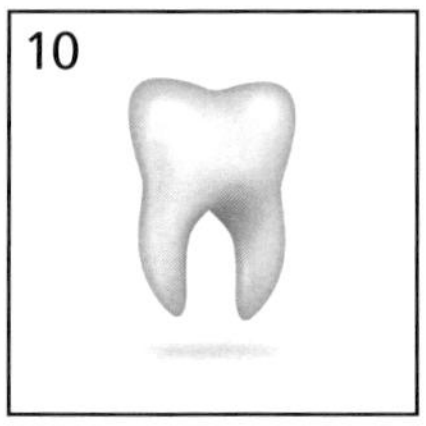

I 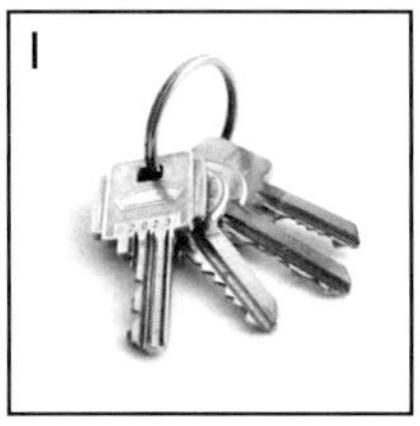 J 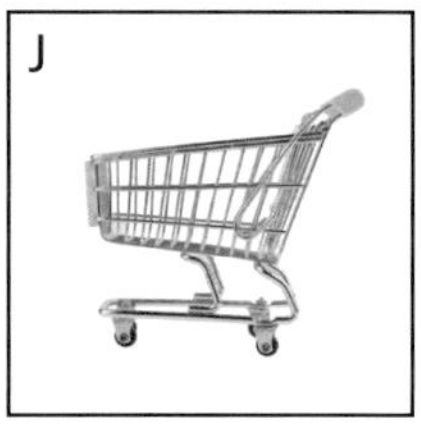 F 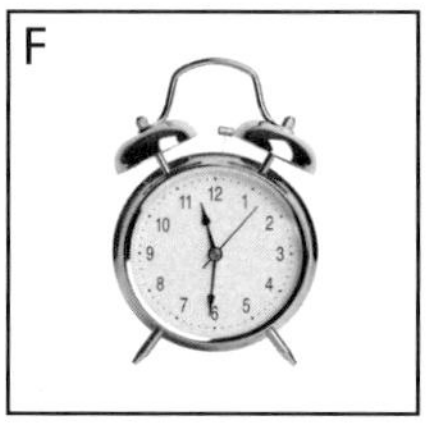 8

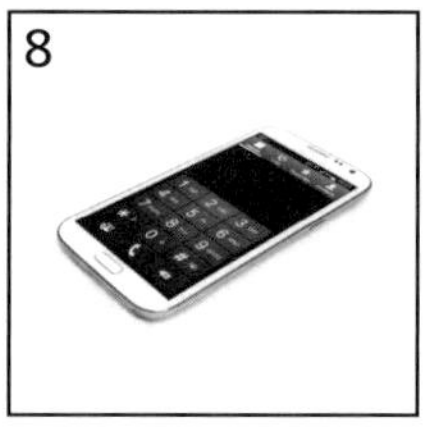

Lösung: A → 10, B → 2, C → 8, D → 4, E → 3, F → 6,
G → 9, H → 1, I → 7, J → 5, K → -

Ein Gegenstand hat kein Gegenstück – welcher ist es? Gegenstand K (Bücherstapel)

Schau genau: Smiley-Kombination suchen

Finde heraus, wie oft diese 3er-Kombination von Smileys in den waagerechten Reihen versteckt ist: 🙂😐🙁
Kreise sie ein und notiere unten die Gesamtzahl.

Die 🙂😐🙁 -Kombination kommt insgesamt ....-mal vor.

© Verlag an der Ruhr | Autorin: Sabine Kelkel | ISBN 978-3-8346-3064-3 | www.verlagruhr.de

Schau genau: Smiley-Kombination suchen

Finde heraus, wie oft diese 3er-Kombination von Smileys in den waagerechten Reihen versteckt ist: 🙂😐🙁 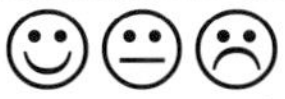
Kreise sie ein und notiere unten die Gesamtzahl.

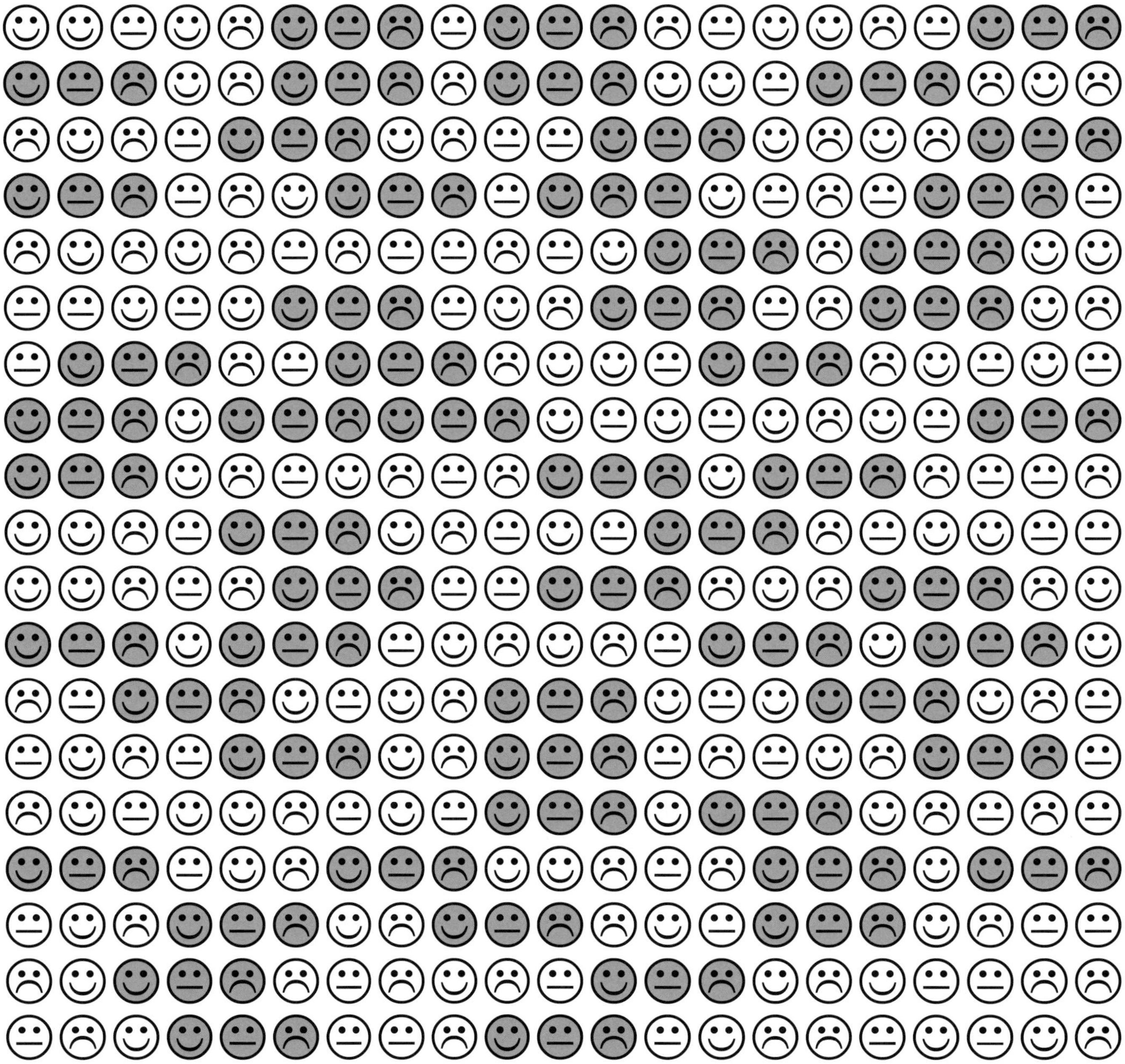

Die 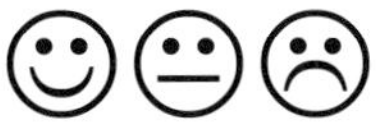 🙂😐🙁 -Kombination kommt insgesamt 57 **-mal vor.**

Schau genau: Pfeile-Kombination suchen

Finde heraus, wie oft die Kombination ↻ ↻ ↺ in den waagerechten Reihen versteckt ist. Kreise sie ein und notiere unten die Gesamtzahl.

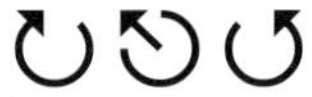

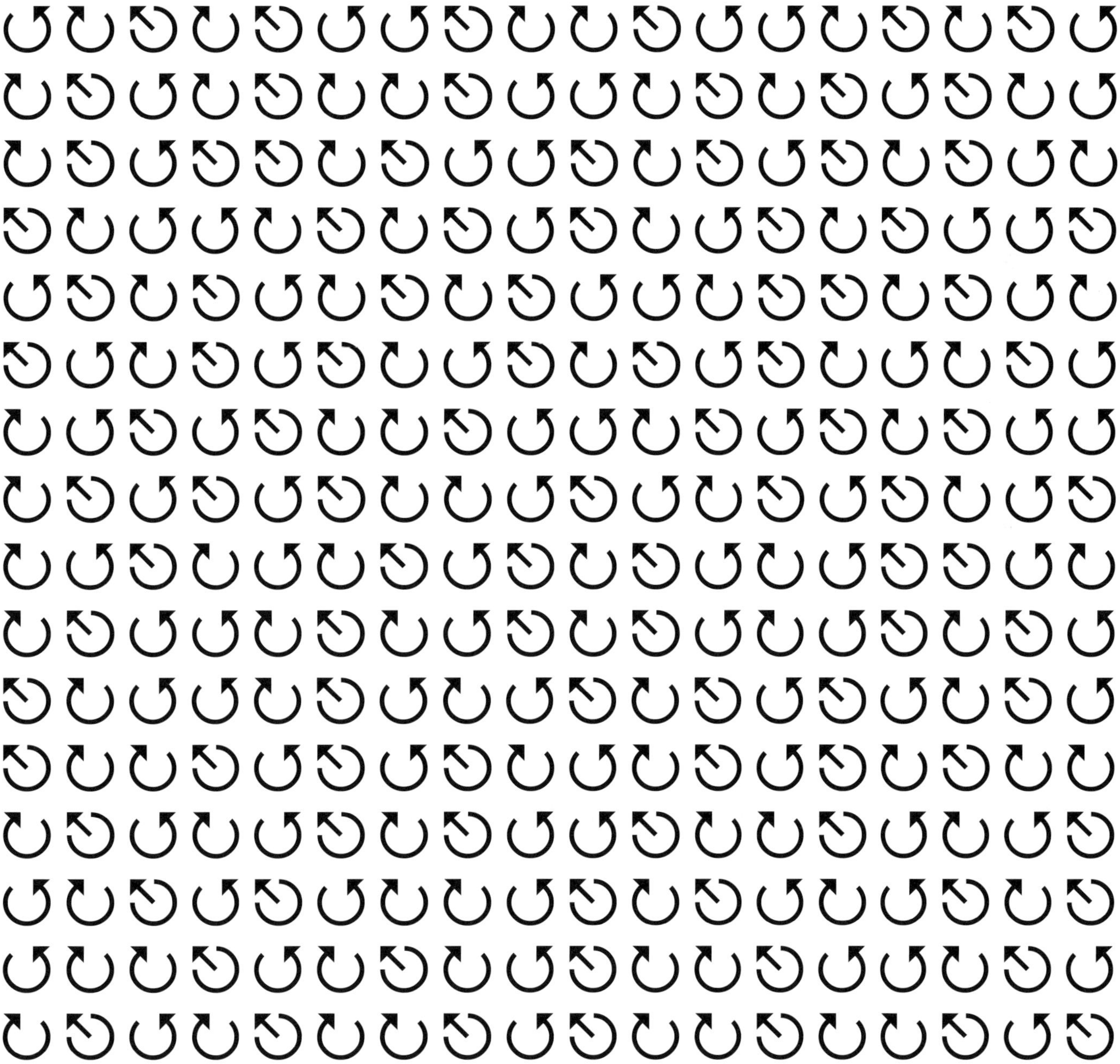

Die 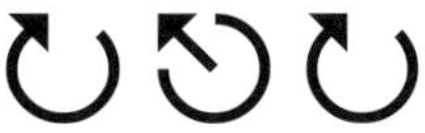 ↻ ↻ ↻ -Kombination kommt insgesamt ....-mal vor.

Schau genau: Pfeile-Kombination suchen

Finde heraus, wie oft die Kombination ↻ ↺ ↺ in den waagerechten Reihen versteckt ist. Kreise sie ein und notiere unten die Gesamtzahl.

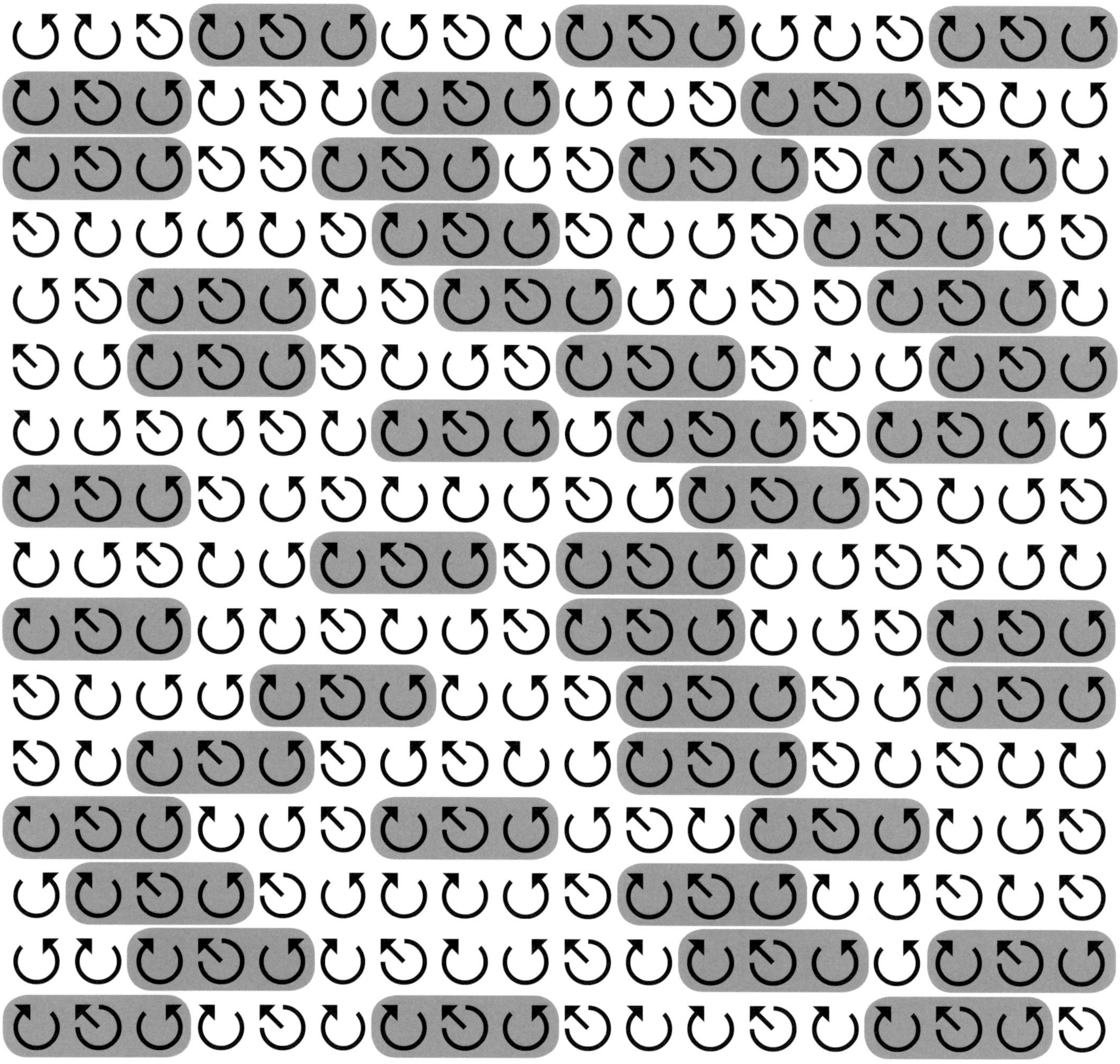

Die ↻ ↺ ↻ -Kombination kommt insgesamt 44 **-mal vor.**

Schau genau: Tiere suchen

In jeder der folgenden Buchstabenreihen sind einige Tiere versteckt. Findest du sie? Wenn du die Anfangsbuchstaben der gesuchten Tiere hintereinander liest, ergeben sich fünf weitere Tiere. Notiere diese unten hinter den Buchstaben A bis E.

Hinweis:
Die Umlaute werden wie folgt geschrieben:

Ä = AE, Ö = OE, Ü = UE

1. NGEPARDTHROBBELDWILTISDELWAJVEZIEGERITJOI
2. SBNOZEBRATLILAMUDLUCHSICOSATFYAKBCYEPMILH
3. VETAFFEAUDNASHORNDETIGEROATNAIGELVZTMXAW
4. VERDETLAMALIHRWOPOSSUMPINGUINIMONRESELLO
5. WIBAEREPRATTEIGUAROUHUTKAIMELEFANTARNOZT
6. OMLOEWEGONULEOPARDMFBPAENRANAKONDASIDIE
7. ANFAULTIERLTONDSULFERKELHTHUSAMBRAHELCHW
8. TIACMOEWENXFADLERISTOPIHSUNKEAVDELAMMEXM
9. DEWALVERWIEPILUNKECNTAPNERINDLNIKFROSCHW
10. KAZASTORCHASRTAUBEANUEMULXARIMPALAIBNERZ
11. OBISONINZMEZUOTTEROAECOLLIEGEJICKUHNCKMBI

Lösung:

A → ....

D → ....

C → ....

D → ....

E → ....

Schau genau: Tiere suchen

In jeder der folgenden Buchstabenreihen sind einige Tiere versteckt. Findest du sie? Wenn du die Anfangsbuchstaben der gesuchten Tiere hintereinander liest, ergeben sich fünf weitere Tiere. Notiere diese unten hinter den Buchstaben A bis E.

Hinweis:
Die Umlaute werden wie folgt geschrieben:

Ä = AE, Ö = OE, Ü = UE

1. NGEPARDTHROBBELDWILTISDELWAJVEZIEGERITJOI
2. SBNOZEBRATLILAMUDLUCHSICOSATFYAKBCYEPMILH
3. VETAFFEAUDNASHORNDETIGEROATNAIGELVZTMXAW
4. VERDETLAMALIHRWOPOSSUMPINGUINIMONRESELLO
5. WIBAEREPRATTEIGUAROUHUTKAIMELEFANTARNOZT
6. OMLOEWEGONULEOPARDMFBPAENRANAKONDASIDIE
7. ANFAULTIERLTONDSULFERKELHTHUSAMBRAHELCHW
8. TIACMOEWENXFADLERISTOPIHSUNKEAVDELAMMEXM
9. DEWALVERWIEPILUNKECNTAPNERINDLNIKFROSCHW
10. KAZASTORCHASRTAUBEANUEMULXARIMPALAIBNERZ
11. OBISONINZMEZUOTTEROAECOLLIEGEJICKUHNCKMBI

Lösung:

A → GRIZZLY

D → ANTILOPE

C → BRUELLAFFE

D → MAULWURF

E → STEINBOCK

© Verlag an der Ruhr | Autorin: Sabine Kelkel | ISBN 978-3-8346-3064-3 | www.verlagruhr.de

Schau genau: Zahlenreihe

In jeder der folgenden Zahlenreihen haben sich fünf Zahlen versteckt, die in einer anderen Schrift geschrieben sind. Kreise diese Zahlen ein und addiere sie. Schreibe ihre Summe hinter jede Reihe auf die Linie.

Errechne zum Schluss außerdem die Gesamtsumme!

	Summe
1 3 5 8 9 3 7 6 6 9 1 2 4 0 4 7 8 6 4 8 5 6 3 2 2 7 5 5 9 6 9 4	....
4 8 6 9 3 2 7 1 2 8 5 4 3 6 9 6 4 7 3 8 5 6 3 4 1 2 1 6 5 9 2 1	....
3 6 8 4 1 2 5 7 7 1 2 5 8 6 3 2 9 6 5 4 2 8 7 3 6 9 6 5 2 1 7 3	....
5 4 2 1 6 8 7 9 3 2 6 5 4 8 5 3 6 9 6 9 7 5 3 1 4 2 5 4 1 8 3 6	....
2 4 6 8 1 3 5 7 9 2 4 6 5 8 8 3 1 2 4 7 9 6 9 5 6 3 2 8 7 5 1 9	....
6 9 3 4 2 7 1 8 9 6 2 4 5 3 6 7 4 5 8 9 6 4 7 2 3 5 8 6 4 7 2 3	....
9 2 5 7 3 6 5 8 4 9 7 1 2 5 4 9 6 8 5 7 3 6 9 5 6 9 6 4 2 8 5 3	....
7 5 9 6 3 2 4 7 5 9 6 1 3 5 9 6 7 8 8 4 7 3 2 5 9 6 4 8 5 7 6 8	....
0 6 9 8 2 4 7 6 3 8 9 5 4 6 7 8 9 6 7 9 6 2 4 5 8 6 7 9 6 5 8 7	....
4 7 5 6 9 8 2 3 4 7 5 9 6 6 9 8 5 7 3 9 6 8 4 2 7 8 5 6 3 1 8 3	....
5 9 6 7 8 2 3 5 6 4 7 9 8 2 1 6 9 7 8 4 6 9 7 6 8 3 5 9 4 7 8 9	....
Gesamtsumme:	....

Schau genau: Zahlenreihe

In jeder der folgenden Zahlenreihen haben sich fünf Zahlen versteckt, die in einer anderen Schrift geschrieben sind. Kreise diese Zahlen ein und addiere sie. Schreibe ihre Summe hinter jede Reihe auf die Linie.

Errechne zum Schluss außerdem die Gesamtsumme!

	Summe
1 3 5 8 9 3 7 6 6 9 1 2 4 0 4 7 8 6 4 8 5 6 3 2 2 7 5 5 9 6 9 4	24
4 8 6 9 3 2 7 1 2 8 5 4 3 6 9 6 4 7 3 8 5 6 3 4 1 2 1 6 5 9 2 1	30
3 6 8 4 1 2 5 7 7 1 2 5 8 6 3 2 9 6 5 4 2 8 7 3 6 9 6 5 2 1 7 3	26
5 4 2 1 6 8 7 9 3 2 6 5 4 8 5 3 6 9 6 9 7 5 3 1 4 2 5 4 1 8 3 6	29
2 4 6 8 1 3 5 7 9 2 4 6 5 8 8 3 1 2 4 7 9 6 9 5 6 3 2 8 7 5 1 9	31
6 9 3 4 2 7 1 8 9 6 2 4 5 3 6 7 4 5 8 9 6 4 7 2 3 5 8 6 4 7 2 3	26
9 2 5 7 3 6 5 8 4 9 7 1 2 5 4 9 6 8 5 7 3 6 9 5 6 9 6 4 2 8 5 3	31
7 5 9 6 3 2 4 7 5 9 6 1 3 5 9 6 7 8 8 4 7 3 2 5 9 6 4 8 5 7 6 8	32
0 6 9 8 2 4 7 6 3 8 9 5 4 6 7 8 9 6 7 9 6 2 4 5 8 6 7 9 6 5 8 7	38
4 7 5 6 9 8 2 3 4 7 5 9 6 6 9 8 5 7 3 9 6 8 4 2 7 8 5 6 3 1 8 3	22
5 9 6 7 8 2 3 5 6 4 7 9 8 2 1 6 9 7 8 4 6 9 7 6 8 3 5 9 4 7 8 9	38
Gesamtsumme:	327

Schau genau: Summe 13 suchen

In jeder der senkrechten Zahlensäulen verstecken sich 3er-Gruppen von Zahlen, deren Summe die Zahl 13 ergibt. Kreise diese Zahlen ein und notiere unten am Ende der jeweiligen Zahlensäule, wie oft du darin Gruppen mit der Summe 13 gefunden hast.

> **Achtung:**
> Manchmal können sich die Zahlen auch überschneiden!

8	4	9	1	5	3	2	7	6	8	5	1
4	3	5	6	8	6	8	4	7	3	6	7
7	6	2	4	3	2	3	8	2	5	2	5
2	7	8	3	7	8	5	1	4	4	9	2
6	5	3	2	4	3	4	9	8	7	2	4
9	1	6	9	2	5	6	2	1	5	8	7
3	9	4	5	9	2	3	3	9	1	5	1
1	2	1	3	6	6	7	8	6	8	4	6
8	5	7	5	2	4	3	6	2	4	6	3
4	1	5	7	8	3	8	5	5	9	3	4
5	7	3	1	4	9	5	7	8	7	8	6
7	2	6	4	7	2	6	1	4	6	2	2
8	4	6	9	2	7	2	4	7	4	7	5
3	6	1	2	6	8	9	3	2	3	9	2
2	5	6	3	8	1	3	6	9	8	1	7
....	....	....	....	....	....	....	....	....	....	....	....

Schau genau: Summe 13 suchen

In jeder der senkrechten Zahlensäulen verstecken sich 3er-Gruppen von Zahlen, deren Summe die Zahl 13 ergibt. Kreise diese Zahlen ein und notiere unten am Ende der jeweiligen Zahlensäule, wie oft du darin Gruppen mit der Summe 13 gefunden hast.

Achtung:
Manchmal können sich die Zahlen auch überschneiden!

8	4	9	1	5	3	2	7	6	8	5	1
4	3	5	6	8	6	8	4	7	3	6	7
7	6	2	4	3	2	3	8	2	5	2	5
2	7	8	3	7	8	5	1	4	4	9	2
6	5	3	2	4	3	4	9	8	7	2	4
9	1	6	9	2	5	6	2	1	5	8	7
3	9	4	5	9	2	3	3	9	1	5	1
1	2	1	3	6	6	7	8	6	8	4	6
8	5	7	5	2	4	3	6	2	4	6	3
4	1	5	7	8	3	8	5	5	9	3	4
5	7	3	1	4	9	5	7	8	7	8	6
7	2	6	4	7	2	6	1	4	6	2	2
8	4	6	9	2	7	2	4	7	4	7	5
3	6	1	2	6	8	9	3	2	3	9	2
2	5	6	3	8	1	3	6	9	8	1	7
4	4	5	3	2	3	4	4	4	3	4	5

Schau genau: Fehlerteufel

Hier wollte jemand eine Geheinschrift abschreiben, doch dabei hat der Fehlerteufel sein Unwesen getrieben.
Schau dir immer die erste Reihe ganz genau an und kreise dann in der zweiten Reihe die Fehler, die sich dort eingeschlichen haben, ein.

1. q🗁k🗎⌛L🖮⏩I — M💣❖W◆b⌘V — ❍h☒♌X🗀ukA
q🗁K🗎⌛L🖮◈I — W◆❖M◆b⌘v — ❍H⮹♌x🗁uka

2. ❑A♋⮹N⇐OG — B✈✍Kq💣👍Z — Xz☺5H✏🔔Cw☠
◻A♋⮹n♑o G — E✂✍kq💣👌z — Xz☺5H✏☎Cw⬩

3. p☜👍qY📪♌yV — ☹📫F⇨Z?✂💧 — 🔔S9🕮8D☎✍N
q☜👌pY📪💻YV — ☹📪 F➲Z?✂💣 — 🔔S6🕮8d◑⌧N

4. 🖂U7🏳ä✋✞HT — 9B✍🖫Um☺🖐Y — m5📭T♌❖c♋B
⌧u7🏳Ä✈✞HT — 9b✍💻UM☺☝ y — n 5📭P♑●c♋b

5. Ü9⬈●ZQ&NG✓ — ⬀Öv♒♎3R☢🖰 — Aä☠💻bp⇨♏Es◆
ü6⇐⬩Z q & Ng✓ — ✓ÖV♒♑2R☺🖰 — Aö☠🖫bq⇨♏ES✌

6. 💣✍J6♎♐bß☒ — 🖫Ü5⮹❑OG❒⌘ — ♓mN⇐🗀zQ✇🖮
●✇J8♎♐p? ☒ — 🗐Ü5☒❒OG❑♎ — ⌘Nm⇐🗀zO✍🖮

7. 3H☐🚍9n🚲✔L — 6S🏆🕮T5ß🏔◀ — Bm🗩⏭Gap✸§N
EH☐🚍6n🚲✔k — 6s🏆🕮 t5ß🏞◀ — Bm♥ ⏭ gaP🗩 §N

8. Qp🏭🏝mb👁📢u — P2w🎖🏖Z9a🏘 — 🏝🔍7CÜ🏞👂Ra
Qq🏭🏘mb👁📢U — q2W🎖🏖z6a🏘 — 🏛🔍7Cü🏞👂RA

© Verlag an der Ruhr | Autorin: Sabine Kelkel | ISBN 978-3-8346-3064-3 | www.verlagruhr.de

Schau genau: Fehlerteufel

**Hier wollte jemand eine Geheinschrift abschreiben, doch dabei hat der Fehlerteufel sein Unwesen getrieben.
Schau dir immer die erste Reihe ganz genau an und kreise dann in der zweiten Reihe die Fehler, die sich dort eingeschlichen haben, ein.**

1.	q🗁k🗎⌛L🖮⏩I	M💣❖W◆b⌘V	❍h☒♌X🗀ukA
	q🗁K🗎⌛L🖮◈I	W◆❖M◆b⌘v	❍H⍓♌x🗁uka
2.	❑A♋⍓N🡐OG	B✈✍Kq💣👍Z	Xz☺5H✏🔔Cw☠
	◘A♋⍓n♑oG	E✂✍kq💣👌z	Xz😐5H✏☎Cw♦
3.	p☜👍qY📫♌yV	☹📪F⇳Z?✂💧	🔔S9🕮8D☎✍N
	q☜👌pY📫💻YV	☹📫F➲Z?✂💣	🔔S6🕮8d☽⌦N
4.	🖂U7🏳ä✋✞HT	9B✍🖫Um☺✌Y	m5☜T♌❖c♋B
	⌦u7🏳Ä✈✞HT	9b✍💻UM☺☝y	n 5☜P♑●c♋b
5.	Ü9⬈●ZQ&NG✓	⬀Öv♒♎3R☸🖰	Aä☠💻bp⇳♏Es♦
	ü6🡐♦Zq & Ng✓	✓ÖV♒♑2R☺🖰	Aö☠🖫bq⇳♏ES✌
6.	💣✍J6♎⬈bß☒	🖫Ü5⍓❑OG❒⌘	♓mN🡐🗀zQ✆🖮
	●✆J8♎⬈p?☒	🗐Ü5☒❒OG❏♎	⌘Nm🡐🗀zO✍🖮
7.	3H☐🚍9n🚲✔L	6S🏆🕮T5ß🏞🔈	Bm🗫⏭Gap✹✎N
	EH☐🚍6n🚲✔k	6s🏆🕮t5ß🏞🔈	Bm♥⏭gaP🗫✎N
8.	Qp🏭🏝mb👁📢u	P2w🎖🏖Z9a🏠	🏝🔍7CÜ🏞👂Ra
	Qq🏭🏘mb👁📢U	q2W🎖🏖z6a🏠	🏛🔍7Cü🏞👂RA

Schau genau: Alphabet

Suche nur mit den Augen die Buchstaben des Alphabets in der richtigen Reihenfolge. Damit trainierst du sowohl deine Konzentration – als auch deine Reaktionsfähigkeit. Drei Buchstaben kommen doppelt vor. Welche sind es?

Auch die Gespenster kannst du mit den Augen zählen. Wie viele sind es?

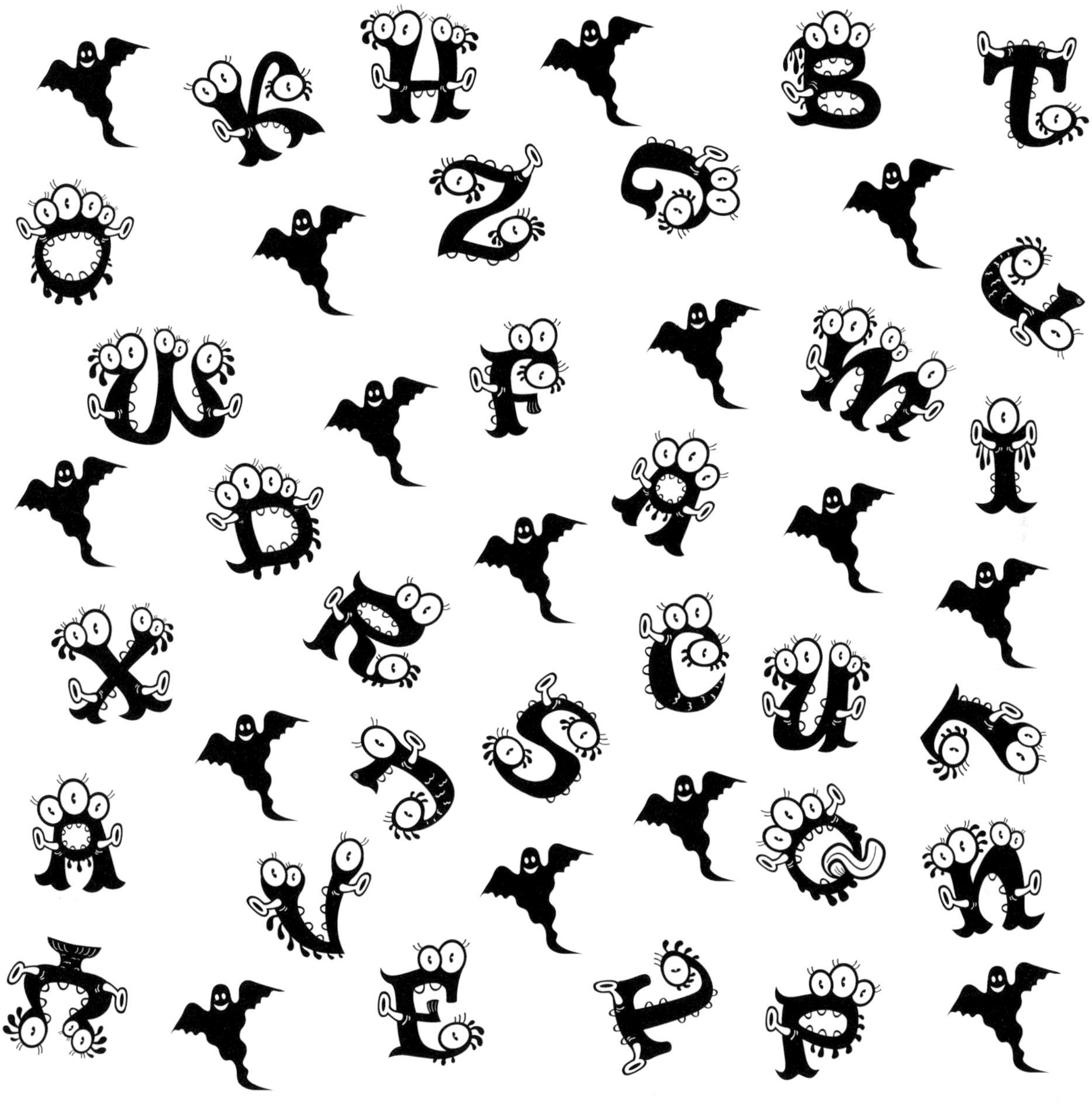

Die drei doppelten Buchstaben sind ...., ... und ....

Es sind .... Gespenster.

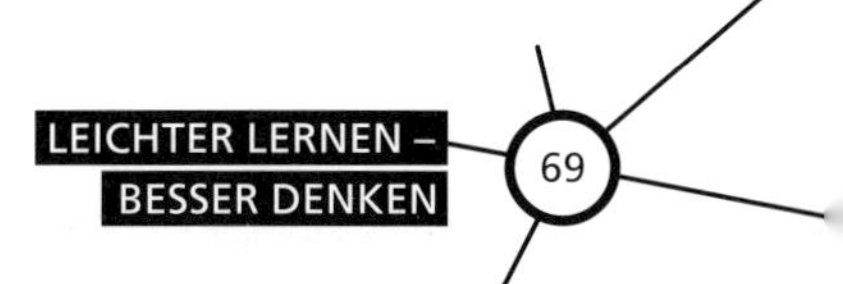

Schau genau: Alphabet

Suche nur mit den Augen die Buchstaben des Alphabets in der richtigen Reihenfolge. Damit trainierst du sowohl deine Konzentration – als auch deine Reaktionsfähigkeit. Drei Buchstaben kommen doppelt vor. Welche sind es?

Auch die Gespenster kannst du mit den Augen zählen. Wie viele sind es?

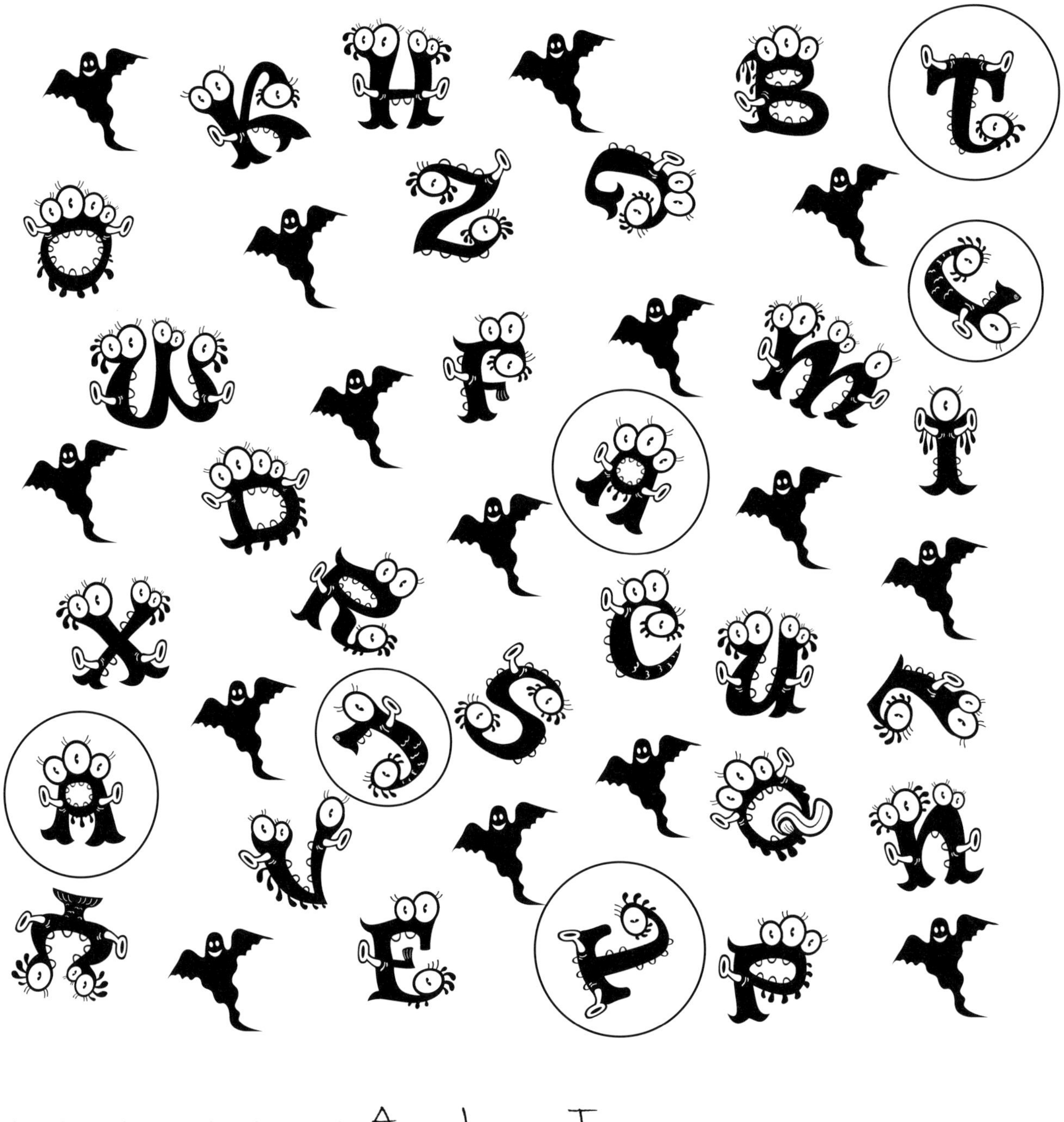

Die drei doppelten Buchstaben sind ...A..., ...J... und ...T....

Es sind ...15... Gespenster.

18 im Quadrat

Für diese Übung werden 18 Münzen oder kleine Knöpfe benötigt.

Verteile die 18 Münzen oder Knöpfe so, dass in jeder waagerechten und in jeder senkrechten Reihe je drei Felder gefüllt sind. In den beiden Diagonalen sollen jeweils fünf Felder gefüllt sein.

Es gibt mehrere Lösungsmöglichkeiten.

Tipp:
Beginne mit den Diagonalen!

18 im Quadrat

Eine mögliche Lösung:

<table>
<tr><td>●</td><td></td><td>●</td><td></td><td></td><td>●</td></tr>
<tr><td></td><td>●</td><td></td><td></td><td>●</td><td>●</td></tr>
<tr><td>●</td><td></td><td>●</td><td>●</td><td></td><td></td></tr>
<tr><td></td><td>●</td><td></td><td>●</td><td></td><td>●</td></tr>
<tr><td></td><td>●</td><td></td><td>●</td><td>●</td><td></td></tr>
<tr><td>●</td><td></td><td>●</td><td></td><td>●</td><td></td></tr>
</table>

Chaos im Schulmäppchen

Bringe die Buchstaben der einzelnen Begriffe in die richtige Reihenfolge und finde so heraus, welche Gegenstände im Schulmäppchen durcheinanderpurzeln!

Beispiel: KELRIZ → ZIRKEL

1. TINPRONANETTEN ....
2. EMIRGRAUDMI ....
3. LIFTBIEST ....
4. TRACHENERNSCHE ....
5. RÜLFEL ....
6. GEIERDOCKE ....
7. RIZANPEST ....
8. FITFELSTIZ ....
9. TINKREINTELL ....
10. KLESTBOFF ....
11. BUTTENSTIF ....
12. KUERBLSCHEGERI ....
13. NILALE ....

© Verlag an der Ruhr | Autorin: Sabine Kelkel | ISBN 978-3-8346-3064-3 | www.verlagruhr.de

Chaos im Schulmäppchen

Bringe die Buchstaben der einzelnen Begriffe in die richtige Reihenfolge und finde so heraus, welche Gegenstände im Schulmäppchen durcheinanderpurzeln!

Beispiel: KELRIZ → ZIRKEL

1. TINPRONANETTEN TINTENPATRONEN
2. EMIRGRAUDMI RADIERGUMMI
3. LIFTBIEST BLEISTIFT
4. TRACHENERNSCHE TASCHENRECHNER
5. RÜLFEL FÜLLER
6. GEIERDOCKE GEODREIECK
7. RIZANPEST ANSPITZER
8. FITFELSTIZ FILZSTIFTE
9. TINKREINTELL TINTENKILLER
10. KLESTBOFF KLEBSTOFF
11. BUTTENSTIF BUNTSTIFTE
12. KUERBLSCHEGERI KUGELSCHREIBER
13. NILALE LINEAL

© Verlag an der Ruhr | Autorin: Sabine Kelkel | ISBN 978-3-8346-3064-3 | www.verlagruhr.de

Neue Wörter bilden

Bringe die Buchstaben der Wörter in eine andere Reihenfolge, sodass neue Wörter entstehen, die einen anderen Sinn ergeben. Aber Achtung: Es dürfen dabei keine Buchstaben übrig bleiben!

Beispiel: Aus dem Wort **„Orkan“** wird das neue Wort **„Koran“**.

1. SAHNE ....
2. NESTER ....
3. BAST ....
4. BLASE ....
5. MADE ....
6. LINSE ....
7. TISCH ....
8. MEIER ....
9. SAUM ....
10. TEINT ....
11. NADEL ....
12. NIKE ....
13. GENUA ....

Überlege dir noch weitere Wörter, die sich in andere Wörter umwandeln lassen!

....

....

Neue Wörter bilden

Bringe die Buchstaben der Wörter in eine andere Reihenfolge, sodass neue Wörter entstehen, die einen anderen Sinn ergeben. Aber Achtung: Es dürfen dabei keine Buchstaben übrig bleiben!

Beispiel: Aus dem Wort **„Orkan"** wird das neue Wort **„Koran"**.

1. SAHNE HASEN
2. NESTER STERNE
3. BAST STAB
4. BLASE SALBE, BASEL
5. MADE DAME, EDAM
6. LINSE INSEL, SENIL
7. TISCH SICHT
8. MEIER EIMER, REIME, EMIRE
9. SAUM MAUS
10. TEINT TINTE
11. NADEL LADEN, ADELN
12. NIKE KNIE
13. GENUA AUGEN, GENAU

Brückenwörter „Eis"

Suche ein Wort, das sowohl zu dem Begriff auf der linken Seite als auch zu dem Begriff auf der rechten Seite passt und somit eine „Brücke" zwischen den beiden Begriffen bildet. Das richtige „Brückenwort" bildet mit beiden Begriffen jeweils ein zusammengesetztes Substantiv.

Beispiel: Eis .... Lampe

Eis **Decke(n)** Lampe → Eis**decke** und **Decken**lampe

Hinweis:
Wenn es, wie im Beispiel, sprachlich erforderlich ist, dürfen beim Brückenwort auch mal ein Buchstabe ergänzt oder weggelassen werden (z. B. Singular- statt Pluralform).

1. Eis .... Tasse
2. Eis .... Fell
3. Eis .... Schläger
4. Eis .... Platte
5. Eis .... Spiel
6. Eis .... Haus
7. Eis .... Bett
8. Eis .... Eisen
9. Eis .... Steiger
10. Eis .... Schaft
11. Eis .... Schrank
12. Eis .... Punkt
13. Eis .... Kuchen

Brückenwörter „Eis"

Suche ein Wort, das sowohl zu dem Begriff auf der linken Seite als auch zu dem Begriff auf der rechten Seite passt und somit eine „Brücke" zwischen den beiden Begriffen bildet. Das richtige „Brückenwort" bildet mit beiden Begriffen jeweils ein zusammengesetztes Substantiv.

Beispiel: Eis .... Lampe

Eis **Decke(n)** Lampe → Eis**decke** und **Decken**lampe

> **Hinweis:**
> Wenn es, wie im Beispiel, sprachlich erforderlich ist, dürfen beim Brückenwort auch mal ein Buchstabe ergänzt oder weggelassen werden (z. B. Singular- statt Pluralform).

Mögliche Lösungen:

1. Eis Kaffee/Tee Tasse

2. Eis Bären Fell

3. Eis Hockey Schläger

4. Eis Torte(n) Platte

5. Eis Würfel/Karte(n) Spiel

6. Eis Block/Vogel Haus

7. Eis Wasser Bett

8. Eis Waffel Eisen

9. Eis Berg Steiger

10. Eis Mann Schaft

11. Eis Diele(n) Schrank

12. Eis Zeit Punkt

13. Eis Creme Kuchen

Buchstabentausch

Ändere bei jedem der folgenden Wörter einen beliebigen Buchstaben, sodass du ein neues, sinnvolles Wort erhältst. Notiere den Buchstaben, den du neu einsetzt, jeweils auf der linken Linie und notiere das neue Wort rechts hinter dem Pfeil. Wenn du am Ende die notierten Buchstaben in die richtige Reihenfolge bringst, erhältst du das Lösungswort (die Position der Buchstaben im Lösungswort wird durch die jeweilige Zahl vorgegeben).

Achtung:
Bei einigen Wörtern können mehrere Buchstaben ausgetauscht werden, z. B.:

MARS → LARS oder MAIS

Ob du alles richtig ausgetauscht hast, erkennst du dann am Lösungswort.

Wort	Buchstabe	Nr.		Neues Wort
MARS	....	8	→	....
UWE	....	1	→	....
EKEL	....	13	→	....
MAHL	....	5	→	....
MIETE	....	10	→	....
WILLE	....	2	→	....
MOND	....	11	→	....
SIEBE	....	3	→	....
REITEN	....	9	→	....
KINO	....	6	→	....
WANGE	....	12	→	....
ALF	....	7	→	....
ASTER	....	4	→	....

Lösung:

...	...	...	...	...	...	...	...	...	...	...	...	...
1	2	3	4	5	6	7	8	9	10	11	12	13

Buchstabentausch

Ändere bei jedem der folgenden Wörter einen beliebigen Buchstaben, sodass du ein neues, sinnvolles Wort erhältst. Notiere den Buchstaben, den du neu einsetzt, jeweils auf der linken Linie und notiere das neue Wort rechts hinter dem Pfeil. Wenn du am Ende die notierten Buchstaben in die richtige Reihenfolge bringst, erhältst du das Lösungswort (die Position der Buchstaben im Lösungswort wird durch die jeweilige Zahl vorgegeben).

Achtung:
Bei einigen Wörtern können mehrere Buchstaben ausgetauscht werden, z. B.:

MARS → LARS oder MAIS

Ob du alles richtig ausgetauscht hast, erkennst du dann am Lösungswort.

Wort	Buchstabe	Nr.		Neues Wort
MARS	I	8	→	MAIS
UWE	T	1	→	UTE
EKEL	G	13	→	EGEL
MAHL	E	5	→	MEHL
MIETE	T	10	→	MITTE
WILLE	O	2	→	WOLLE
MOND	U	11	→	MUND
SIEBE	L	3	→	LIEBE
REITEN	S	9	→	SEITEN
KINO	L	6	→	KILO
WANGE	N	12	→	WANNE
ALF	E	7	→	ELF
ASTER	L	4	→	ALTER

Lösung:

T	O	L	L	E		L	E	I	S	T	U	N	G
1	2	3	4	5		6	7	8	9	10	11	12	13

© Verlag an der Ruhr | Autorin: Sabine Kelkel | ISBN 978-3-8346-3064-3 | www.verlagruhr.de

Was wird hier gesucht?

Hinter diesen Sätzen verstecken sich zusammengesetzte Substantive. Um sie zu entschlüsseln, musst du zunächst ein Verb suchen, das dem gegebenen entspricht, und es in die Befehlsform bringen. Anschließend brauchst du noch ein anderes Wort für das gegebene Substantiv. Beide Ersatzwörter zusammen ergeben das gesuchte Wort.

Beispiel: Eine Pflanze soll größer werden.

Anleitung:
anderes Wort für „größer werden" → wachsen
Befehlsform von „wachsen" → wachs +
anderes Wort für „Pflanze" → Blume
= **Wachsblume**

1. Eine Tierunterkunft soll schneller gehen. ....

2. Ein eckiger Behälter soll zeichnen. ....

3. Eine Pflanze soll kräftig blasen. ....

4. Ein Regenschutz soll stürzen. ....

5. Ein Körperteil soll etwas fühlen. ....

6. Ein Notizblatt soll sich geistig betätigen. ....

7. Eine Süßigkeit soll krachen. ....

8. Eine Wohnstätte für Ritter soll springen. ....

9. Ein Kleidungsstück soll sich im Wasser bewegen. ....

10. Ein Naturmaterial soll etwas anmalen. ....

11. Ein Ort soll sehen. ....

12. Ein bepflanztes Grundstück soll sich täuschen. ....

Was wird hier gesucht?

Hinter diesen Sätzen verstecken sich zusammengesetzte Substantive. Um sie zu entschlüsseln, musst du zunächst ein Verb suchen, das dem gegebenen entspricht, und es in die Befehlsform bringen. Anschließend brauchst du noch ein anderes Wort für das gegebene Substantiv. Beide Ersatzwörter zusammen ergeben das gesuchte Wort.

Beispiel: Eine Pflanze soll größer werden.

Anleitung:

anderes Wort für „größer werden" → wachsen
Befehlsform von „wachsen" → wachs +
anderes Wort für „Pflanze" → Blume
= **Wachsblume**

1. Eine Tierunterkunft soll schneller gehen. Laufstall, Rennstall
2. Ein eckiger Behälter soll zeichnen. Malkasten
3. Eine Pflanze soll kräftig blasen. Pusteblume
4. Ein Regenschutz soll stürzen. Fallschirm
5. Ein Körperteil soll etwas fühlen. Spürnase
6. Ein Notizblatt soll sich geistig betätigen. Denkzettel
7. Eine Süßigkeit soll krachen. Knallbonbon
8. Eine Wohnstätte für Ritter soll springen. Hüpfburg
9. Ein Kleidungsstück soll sich im Wasser bewegen. Schwimmweste
10. Ein Naturmaterial soll etwas anmalen. Streichholz
11. Ein Ort soll sehen. Schauplatz
12. Ein bepflanztes Grundstück soll sich täuschen. Irrgarten

Wortfindungsspiel „Zusammengesetzte Wörter"

Vorbereitung

Kopieren Sie die nachfolgenden **Materialblätter** (S. 84–89) für jede Gruppe (oder nur einmal, wenn mit der ganzen Klasse gespielt wird), laminieren Sie die Blätter und schneiden Sie die einzelnen **Bildkarten** auseinander, sodass für jede Gruppe ein vollständiges Kartenset mit 28 Bildkarten entsteht.
Das Laminieren erfordert zwar einen zusätzlichen Arbeitsaufwand, hat aber den Vorteil, dass die Bildkarten geschützt und langfristig einsetzbar sind.

Durchführung

Für dieses Spiel gibt es zwei verschiedene Variationsmöglichkeiten.

Variante A:
Spielablauf als Einzel- oder Gruppenspiel
Die Bildkarten werden gut gemischt und der Spieler bzw. jede Gruppe legt seine/ihre Karten offen auf dem Tisch aus. Ziel ist es nun, jeweils zwei zusammenpassende Bildkarten zu finden, die gemeinsam ein zusammengesetztes Substantiv bilden.

Beispiel: 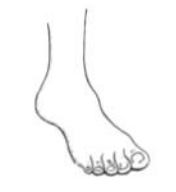 und  ergeben das Wort „Fußpilz".

Manchmal gibt es mehrere Lösungsmöglichkeiten. Die gefundenen Wörter sind aber nur dann richtig, wenn am Ende keine Bildkarte mehr übrig bleibt.
Ein einzelner Spieler kann auf Zeit versuchen, so schnell wie möglich alle Kartenpaare zu finden.
In der Gruppe können die Spieler alle gleichzeitig versuchen, so schnell wie möglich so viele passende Paare wie möglich zu finden und an sich zu nehmen. Wer am Ende die meisten richtigen Paare gebildet hat, hat gewonnen.
Wird das Spiel mit mehreren Gruppen gespielt, hat diejenige Gruppe gewonnen, die als erste alle Bildkarten richtig zusammengefügt hat.

Variante B:
Spielablauf mit der ganzen Klasse
Jeder Schüler erhält eine Bildkarte (falls es eine ungerade Schülerzahl ist, spielen Sie als Lehrer mit und nehmen auch eine Bildkarte an sich).
Nun muss jeder Spieler auf die Suche nach seinem Partner gehen, der die passende Bildkarte hat, um gemeinsam ein zusammengesetztes Substantiv zu bilden.
Auch hier gilt: Es darf kein Spieler mit seiner Bildkarte übrig bleiben! Wenn dies doch passiert, muss die Gruppe gemeinsam überlegen, welche Wortmöglichkeiten es noch gibt.

Lösung

Taschengeld oder Geldtasche
Korbflasche oder Flaschenkorb
Apfelbaum
Eisbär
Sonnenuhr
Notenschlüssel
Fingerhut
Maskenball
Blumenstrauß
Ohrring
Kreuzspinne
Stempelkissen
Feuerleiter
Goldfisch
Hausschuhe
Löwenzahn
Senftube
Käsekuchen
Puppenwiege
Autoreifen
Brieftaube
Regenschirm
Giftschlange
Flaschengeist
Schafwolle
Flussbett
Telefonkarte
Straßenlampe
Weintrauben
Eselsbrücke

Bildkarten zum Wortfindungsspiel

1 2 3 4 5 6

Bildkarten zum Wortfindungsspiel

1 2 3 4 5 6

Bildkarten zum Wortfindungsspiel

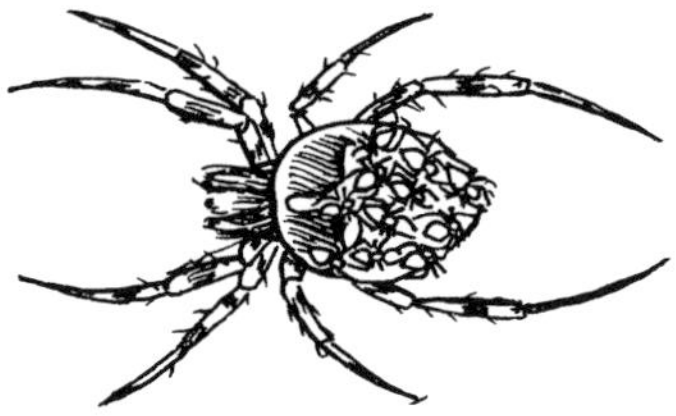

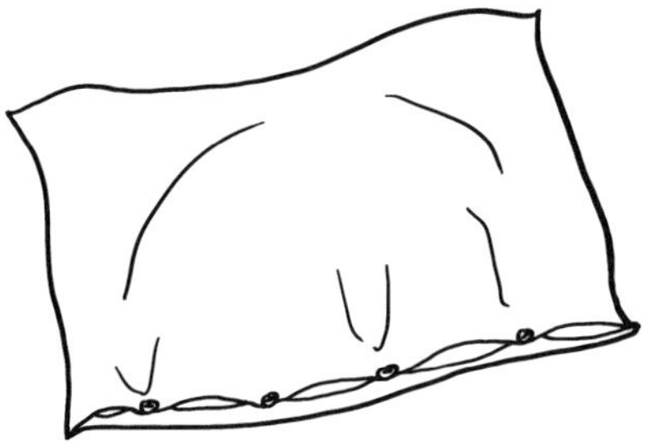

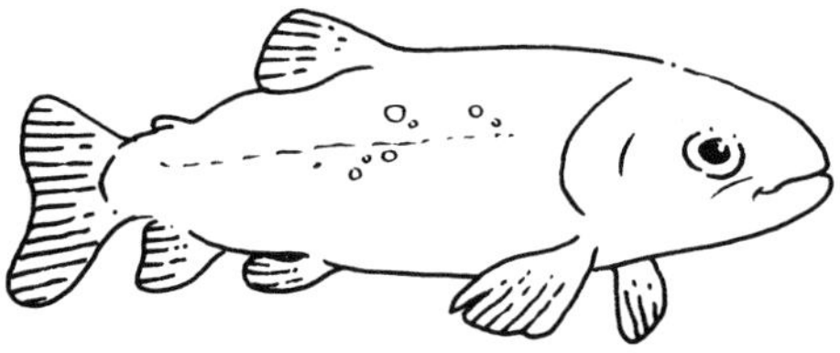

1 2 **3** 4 5 6

© Verlag an der Ruhr | Autorin: Sabine Kelkel | ISBN 978-3-8346-3064-3 | www.verlagruhr.de

Bildkarten zum Wortfindungsspiel

1 2 3 **4** 5 6

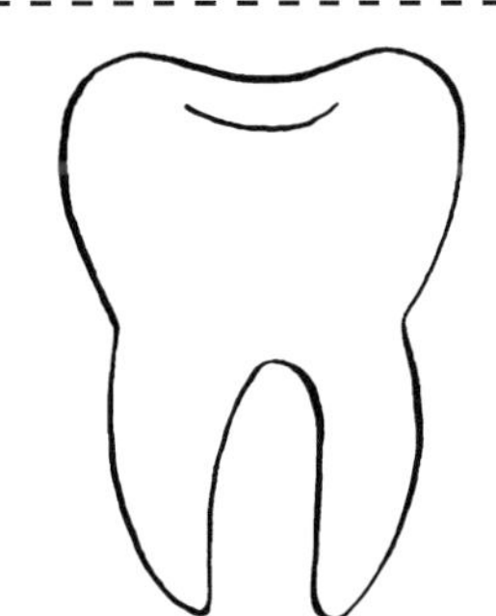

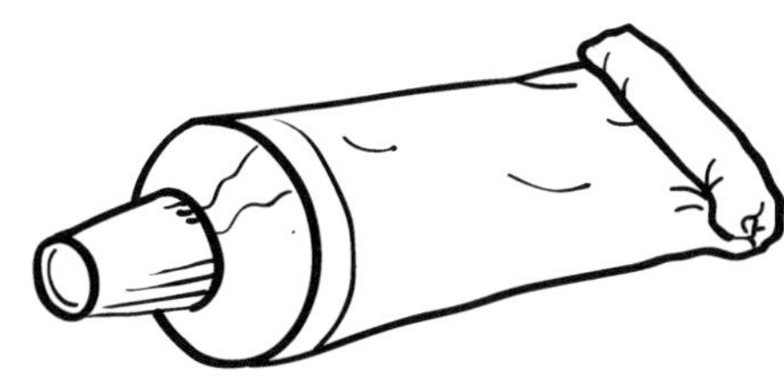

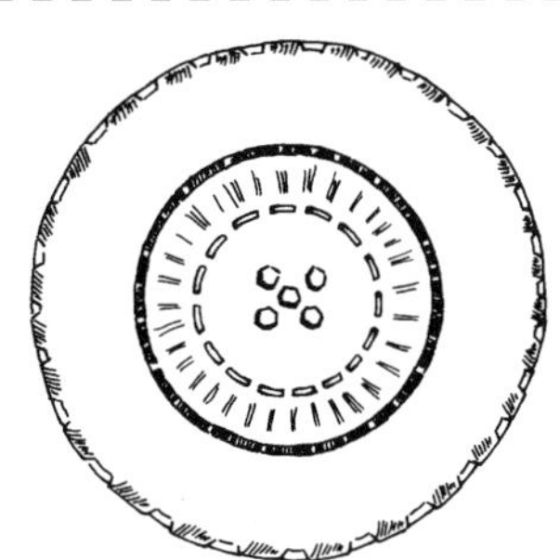

Bildkarten zum Wortfindungsspiel

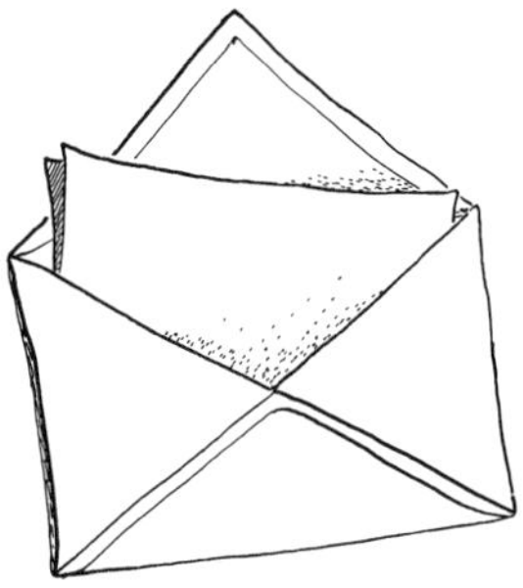

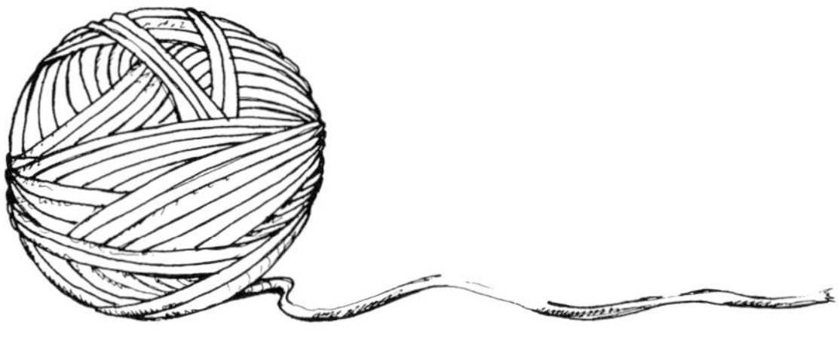

Bildkarten zum Wortfindungsspiel

1 2 3 4 5 6

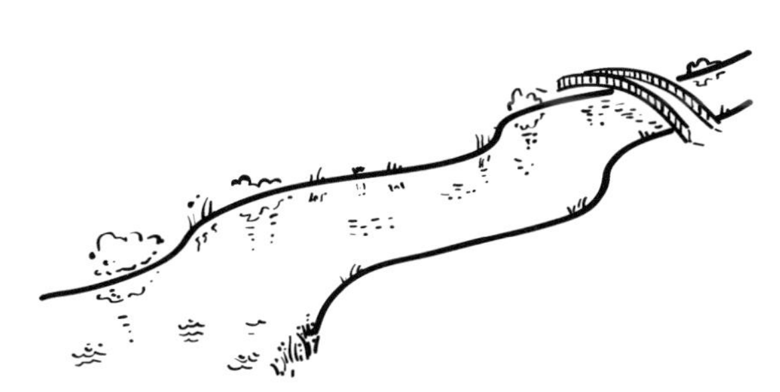

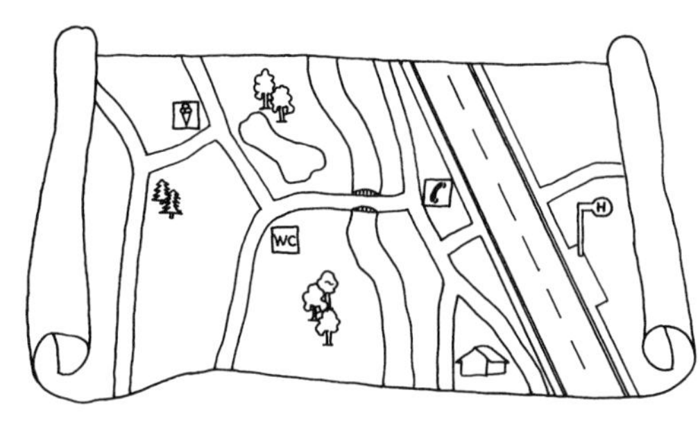

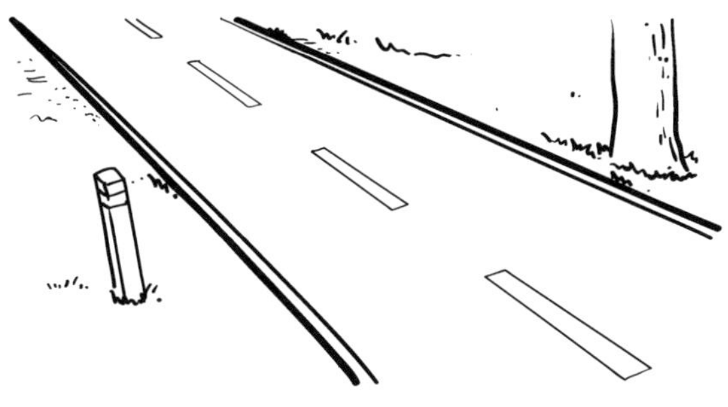

Beziehungskiste

Finde heraus, in welcher Beziehung die zwei Wörter links zueinander stehen, und bilde dann dementsprechend ein neues Beziehungspaar!

Beispiel: König steht zu Schloss in der gleichen Beziehung wie Ritter zu **Burg**.

1.	Storch	zu	Nest	**wie**	....	zu	Horst
2.	Euro	zu	Deutschland	**wie**	....	zu	England
3.	Eiffelturm	zu	Paris	**wie**	Freiheitsstatue	zu	....
4.	Konfetti	zu	Fasching	**wie**	Feuerwerk	zu	....
5.	Buche	zu	Laubbaum	**wie**	Lärche	zu	....
6.	Joko und Klaas	zu	Circus HalliGalli	**wie**	Günther Jauch	zu	....
7.	Summe	zu	Addition	**wie**	Differenz	zu	....
8.	Themse	zu	London	**wie**	....	zu	München
9.	Big Mac	zu	McDonald's	**wie**	Whopper	zu	....
10.	Joanne K. Rowling	zu	Harry Potter	**wie**	J. R. R. Tolkien	zu	....
11.	Pflaume	zu	Steinobst	**wie**	....	zu	Kernobst
12.	Mont Blanc	zu	Alpen	**wie**	....	zu	Himalaya
13.	Hauptwort	zu	Substantiv	**wie**	Tätigkeitswort	zu	....
14.	Saarbrücken	zu	Saarland	**wie**	Mainz	zu	....
15.	Tennis	zu	Nikolas Kiefer	**wie**	....	zu	Mario Götze

Beziehungskiste

Finde heraus, in welcher Beziehung die zwei Wörter links zueinander stehen, und bilde dann dementsprechend ein neues Beziehungspaar!

Beispiel: König steht zu Schloss in der gleichen Beziehung wie Ritter zu **Burg**.

1.	Storch	zu	Nest	**wie**	Adler	zu	Horst
2.	Euro	zu	Deutschland	**wie**	Pfund	zu	England
3.	Eiffelturm	zu	Paris	**wie**	Freiheitsstatue	zu	New York
4.	Konfetti	zu	Fasching	**wie**	Feuerwerk	zu	Silvester
5.	Buche	zu	Laubbaum	**wie**	Lärche	zu	Nadelbaum
6.	Joko und Klaas	zu	Circus HalliGalli	**wie**	Günther Jauch	zu	Wer wird Millionär?
7.	Summe	zu	Addition	**wie**	Differenz	zu	Substraktion
8.	Themse	zu	London	**wie**	Isar	zu	München
9.	Big Mac	zu	McDonald's	**wie**	Whopper	zu	Burger King
10.	Joanne K. Rowling	zu	Harry Potter	**wie**	J. R. R. Tolkien	zu	Herr der Ringe
11.	Pflaume	zu	Steinobst	**wie**	z. B. Apfel, Birne	zu	Kernobst
12.	Mont Blanc	zu	Alpen	**wie**	Mount Everest	zu	Himalaya
13.	Hauptwort	zu	Substantiv	**wie**	Tätigkeitswort	zu	Verb
14.	Saarbrücken	zu	Saarland	**wie**	Mainz	zu	Rheinland-Pfalz
15.	Tennis	zu	Nikolas Kiefer	**wie**	Fußball	zu	Mario Götze

Süßigkeiten-Quiz

Finde heraus, welche Süßigkeit oder welches Gebäck hier jeweils im übertragenen Sinn gemeint ist.

1. wertvolle Raubtiere ....
2. Bausteine für Kleinkinder ....
3. Planet ....
4. Turnübung eines jungen Adligen ....
5. Bewohner einer deutschen Hauptstadt ....
6. bestimmte Baumfrucht mit Winkel ....
7. unterirdischer Bergwerksgang ....
8. „Danke“ auf Französisch ....
9. englische Bezeichnung für „Löwe“ ....
10. Giftschlange ....
11. eines ist nicht genug ....
12. farbige Unterrichtsunterbrechung ....
13. kein Türverschluss für Erwachsene ....
14. aus Süßholz bestehendes Weichtier ....
15. Hühnerprodukt erlebt Unerwartetes ....
16. süßes Verbandsmaterial ....
17. Getreide, das sehr musikalisch ist ....
18. Stäbchenspiel aus Japan ....

© Verlag an der Ruhr | Autorin: Sabine Kelkel | ISBN 978-3-8346-3064-3 | www.verlagruhr.de

Süßigkeiten-Quiz

Finde heraus, welche Süßigkeit oder welches Gebäck hier jeweils im übertragenen Sinn gemeint ist.

1.	wertvolle Raubtiere	Goldbären
2.	Bausteine für Kleinkinder	Duplo
3.	Planet	Mars
4.	Turnübung eines jungen Adligen	Prinzenrolle
5.	Bewohner einer deutschen Hauptstadt	Berliner
6.	bestimmte Baumfrucht mit Winkel	Nussecke
7.	unterirdischer Bergwerksgang	Stollen
8.	„Danke" auf Französisch	Merci
9.	englische Bezeichnung für „Löwe"	Lion
10.	Giftschlange	Mamba
11.	eines ist nicht genug	Nimm 2
12.	farbige Unterrichtsunterbrechung	Lila Pause
13.	kein Türverschluss für Erwachsene	Kinderriegel
14.	aus Süßholz bestehendes Weichtier	Lakritzschnecke
15.	Hühnerprodukt erlebt Unerwartetes	Überraschungsei
16.	süßes Verbandsmaterial	Zuckerwatte
17.	Getreide, das sehr musikalisch ist	Popcorn
18.	Stäbchenspiel aus Japan	Mikado

Teekessel-Wörter

Teekessel-Wörter sind Wörter, die bei gleicher Schreibweise verschiedene Bedeutungen haben.

Beispiel: Ballon – Man kann darin fahren.
– Gibt es auf jedem Jahrmarkt zu kaufen.

→ Gemeint ist einmal der Heißluftballon und einmal der Luftballon.

Finde anhand der Umschreibungen heraus, welches Teekessel-Wort hier jeweils gesucht wird!

1. – Planet
– Schokoriegel → ....

2. – Frauenname
– tropische Kletterpflanze → ....

3. – Brettspiel
– Mahlvorrichtung zum Zerkleinern von Feststoffen → ....

4. – Tunnelgang im Bergbau
– Weihnachtsgebäck → ....

5. – Nagetier
– Computerzubehör → ....

6. – Gewichtseinheit
– englische Währung → ....

7. – exotische Frucht
– Wappenvogel von Neuseeland → ....

8. – feuchter Wickel
– Briefkuvert → ....

9. – Straßenbelag
– selbstklebender Verbandsstoff → ....

Kennst du noch andere Teekessel-Wörter? Schreibe sie auf:

....

Teekessel-Wörter

Teekessel-Wörter sind Wörter, die bei gleicher Schreibweise verschiedene Bedeutungen haben.

Beispiel: Ballon – Man kann darin fahren.
– Gibt es auf jedem Jahrmarkt zu kaufen.

→ Gemeint ist einmal der Heißluftballon und einmal der Luftballon.

Finde anhand der Umschreibungen heraus, welches Teekessel-Wort hier jeweils gesucht wird!

1. – Planet
– Schokoriegel → Mars

2. – Frauenname
– tropische Kletterpflanze → Liane

3. – Brettspiel
– Mahlvorrichtung zum Zerkleinern von Feststoffen → Mühle

4. – Tunnelgang im Bergbau
– Weihnachtsgebäck → Stollen

5. – Nagetier
– Computerzubehör → Maus

6. – Gewichtseinheit
– englische Währung → Pfund

7. – exotische Frucht
– Wappenvogel von Neuseeland → Kiwi

8. – feuchter Wickel
– Briefkuvert → Umschlag

9. – Straßenbelag
– selbstklebender Verbandsstoff → Pflaster

Gruppeneinteilung

Suche aus den 30 Tieren im Kasten jeweils 5 aus, die zu einer Gruppe, d. h. zum selben Oberbegriff gehören.

Beispiel: Nutria – Biber – Nerz – Otter – Bisam

→ gehören alle zu den **Pelztieren**

Notiere jeweils die 5 zueinander passenden Tiere und gib auch den Oberbegriff an, zu dem sie gehören.

Gepard – Biber – Elefant – Amsel – Hund – Sperber – Igel – Jaguar – Katze – Murmeltier – Drossel – Meerschweinchen – Bussard – Maus – Grizzlybär – Rotkehlchen – Kaninchen – Falke – Koala – Wellensittich – Tiger – Buchfink – Eichhörnchen – Adler – Känguru – Meise – Luchs – Ratte – Milan – Wal

1. Gruppe: ....

→ gehören alle zu den ....

2. Gruppe: ....

→ gehören alle zu den ....

3. Gruppe: ....

→ gehören alle zu den ....

4. Gruppe: ....

→ gehören alle zu den ....

5. Gruppe: ....

→ gehören alle zu den ....

6. Gruppe: ....

→ gehören alle zu den ....

Gruppeneinteilung

Suche aus den 30 Tieren im Kasten jeweils 5 aus, die zu einer Gruppe, d.h. zum selben Oberbegriff gehören.

Beispiel: Nutria – Biber – Nerz – Otter – Bisam

→ gehören alle zu den **Pelztieren**

Notiere jeweils die 5 zueinander passenden Tiere und gib auch den Oberbegriff an, zu dem sie gehören.

Gepard – Biber – Elefant – Amsel – Hund – Sperber – Igel – Jaguar – Katze – Murmeltier – Drossel – Meerschweinchen – Bussard – Maus – Grizzlybär – Rotkehlchen – Kaninchen – Falke – Koala – Wellensittich – Tiger – Buchfink – Eichhörnchen – Adler – Känguru – Meise – Luchs – Ratte – Milan – Wal

1. Gruppe: Gepard, Jaguar, Grizzlybär, Tiger, Luchs

→ gehören alle zu den Raubtieren

2. Gruppe: Biber, Murmeltier, Maus, Eichhörnchen, Ratte

→ gehören alle zu den Nagetieren

3. Gruppe: Elefant, Igel, Koala, Känguru, Wal

→ gehören alle zu den Säugetieren

4. Gruppe: Amsel, Drossel, Rotkehlchen, Buchfink, Meise

→ gehören alle zu den Singvögeln

5. Gruppe: Sperber, Bussard, Falke, Adler, Milan

→ gehören alle zu den Greifvögeln

6. Gruppe: Hund, Katze, Meerschweinchen, Wellensittich, Kaninchen

→ gehören alle zu den Haustieren

Rätselhaftes

Welche Begriffe sind hier gesucht? Du musst ein bisschen um die Ecke denken!

1. Welche Zungen kannst du essen? ....

2. Welcher Kater bereitet dir Schmerzen? ....

3. Welches Haus hat keine Fenster? ....

4. Welches Pferd braucht kein Futter? ....

5. Welcher Mann fürchtet sich vor der Sonne? ....

6. Welche Glocken hörst du nicht läuten? ....

7. Welcher Kopf hat keine Augen? ....

8. Welchen Hahn kannst du nicht hören? ....

9. Welcher König ist ohne Reich? ....

10. Welchen Garten braucht man nie zu gießen? ....

11. Welche Gabe bereitet dir keine Freude? ....

12. Welcher Kamm kämmt keine Haare? ....

13. Welcher Schlüssel sperrt keine Tür? ....

14. Welchen Hut setzt du dir nicht auf den Kopf? ....

15. Welche Laus bringt Schokolade? ....

16. Welche Mühle braucht weder Wasser noch Wind? ....

17. Welchen Stich kann man essen? ....

Rätselhaftes

Welche Begriffe sind hier gesucht? Du musst ein bisschen um die Ecke denken!

1. Welche Zungen kannst du essen? Katzenzungen
2. Welcher Kater bereitet dir Schmerzen? Muskelkater
3. Welches Haus hat keine Fenster? Schneckenhaus
4. Welches Pferd braucht kein Futter? Schaukelpferd, Steckenpferd
5. Welcher Mann fürchtet sich vor der Sonne? Schneemann
6. Welche Glocken hörst du nicht läuten? Osterglocken
7. Welcher Kopf hat keine Augen? Kohlkopf
8. Welchen Hahn kannst du nicht hören? Wetterhahn
9. Welcher König ist ohne Reich? Zaunkönig
10. Welchen Garten braucht man nie zu gießen? Kindergarten
11. Welche Gabe bereitet dir keine Freude? Hausaufgabe
12. Welcher Kamm kämmt keine Haare? Bergkamm, Hahnenkamm
13. Welcher Schlüssel sperrt keine Tür? Notenschlüssel
14. Welchen Hut setzt du dir nicht auf den Kopf? Fingerhut, Zuckerhut
15. Welche Laus bringt Schokolade? Nikolaus
16. Welche Mühle braucht weder Wasser noch Wind? Kaffeemühle
17. Welchen Stich kann man essen? Bienenstich

Zuordnungsspiel „Länder und ihre Flaggen“

Vorbereitung

Kopieren Sie die nachfolgenden **Materialblätter** mit den Europakarten (S. 101 f.) für jede Gruppe (oder nur einmal, wenn mit der ganzen Klasse gespielt wird) und drucken Sie in gleicher Anzahl die farbigen Materialblätter mit den Flaggen aus.

→ als **farbige** Kopiervorlage im Download unter www.verlagruhr.de/zusatzdownloads

Laminieren Sie alle Blätter und schneiden Sie die einzelnen Bildkarten auseinander, sodass für jede Gruppe ein vollständiges Set mit 32 Bildkarten entsteht.
Das Laminieren erfordert zwar einen zusätzlichen Arbeitsaufwand, hat aber den Vorteil, dass die **Bildkarten** geschützt und langfristig einsetzbar sind.
Darüber hinaus sollten ausreichend **Atlanten** zur Selbstkontrolle bereitgelegt werden.

Durchführung

Die Bildkarten werden gut gemischt und der Spieler bzw. jede Gruppe legt seine/ihre Karten offen auf dem Tisch aus. Ziel ist es nun, die Flaggen dem jeweils passenden Land zuzuordnen.
Ein einzelner Spieler kann auf Zeit versuchen, so schnell wie möglich alle Kartenpaare zu finden.
In der Gruppe können die Spieler alle gleichzeitig versuchen, so schnell wie möglich so viele passende Paare wie möglich zu finden und an sich zu nehmen. Wer am Ende die meisten richtigen Paare gebildet hat, hat gewonnen.
Wird das Spiel mit mehreren Gruppen gespielt, hat diejenige Gruppe gewonnen, die als erste alle Flaggen richtig zugeordnet hat.

Lösung

1. Deutschland
2. Frankreich
3. Italien
4. Kroatien
5. Niederlande
6. Polen
7. Portugal
8. Schweden
9. Spanien
10. Tschechien
11. Ukraine
12. Griechenland
13. Finnland
14. Schweiz
15. Österreich
16. Norwegen

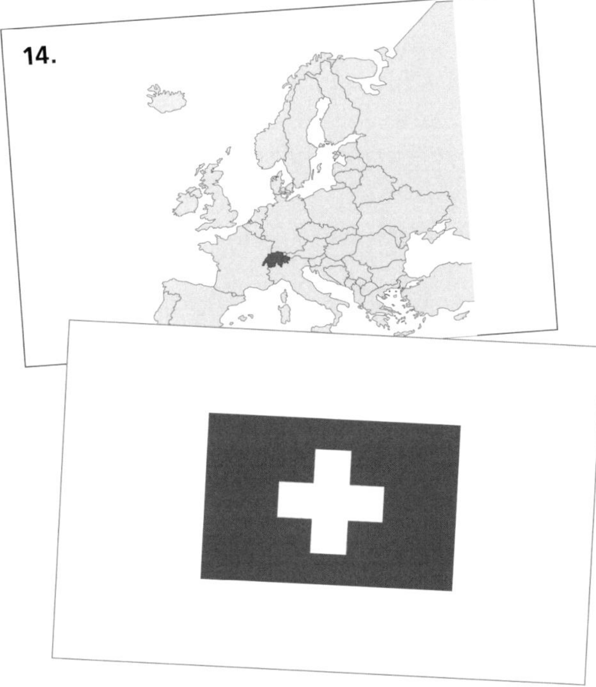

Bildkarten zum Zuordnungsspiel

1 2 3 4

1.

2.

3.

4.

5.

6.

7.

8.

Bildkarten zum Zuordnungsspiel

DOWNLOAD

1 2 3 4

9.

10.

11.

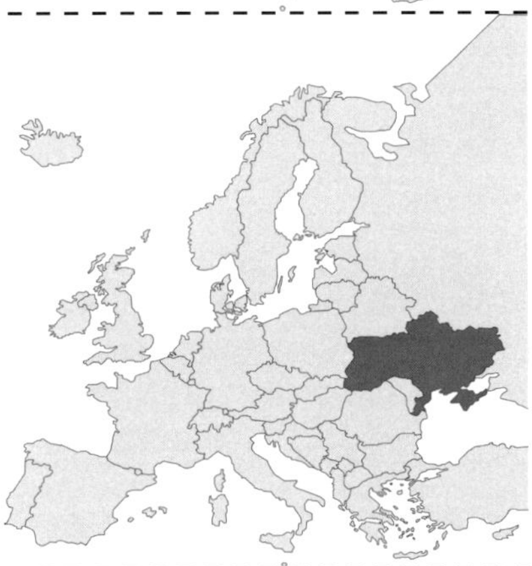

12.

13.

14.

15.

16.

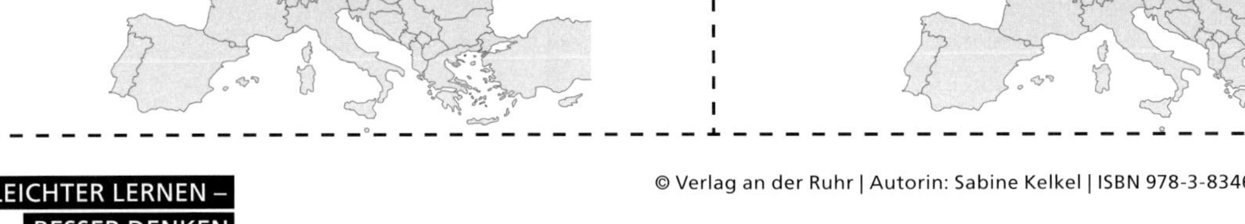

© Verlag an der Ruhr | Autorin: Sabine Kelkel | ISBN 978-3-8346-3064-3 | www.verlagruhr.de

Logisches Rätsel: Im Feriencamp

**In einem Feriencamp lernen sich fünf Kinder kennen.
Es sind drei Jungen und zwei Mädchen.
Doch wie heißen die Kinder? Wie alt sind sie?
Welche Sportart betreiben sie?
Und wo wohnen Sie?
Beantworte die Fragen, indem du die Tabelle anhand
der unten stehenden Hinweise ausfüllst.**

Name					
Alter					
Sportart					
Wohnort					

1. Nina wohnt in München.
2. Fabian spielt weder Volleyball noch Eishockey.
3. Lisa ist ein Jahr älter als Jan.
4. Das erste Kind heißt Fabian und wohnt in Frankfurt.
5. Das älteste Kind kommt aus Wiesbaden.
6. Fabian ist genauso alt wie Tom.
7. Das Kind in der Mitte ist zwölf Jahre alt und kommt aus Hamburg.
8. Das Kind aus München trainiert in einer Leichtathletik-Mannschaft.
9. Nina ist ein Jahr jünger als die beiden gleichaltrigen Jungs.
10. Das Kind aus Berlin ist ein Jahr älter als Fabian und Tom und heißt Jan.
11. Das Kind zwischen dem „Hamburger" und dem „Berliner" spielt Tischtennis und heißt Lisa.
12. Tom mag keinen Fußball und braucht für seinen Sport Schlittschuhe.

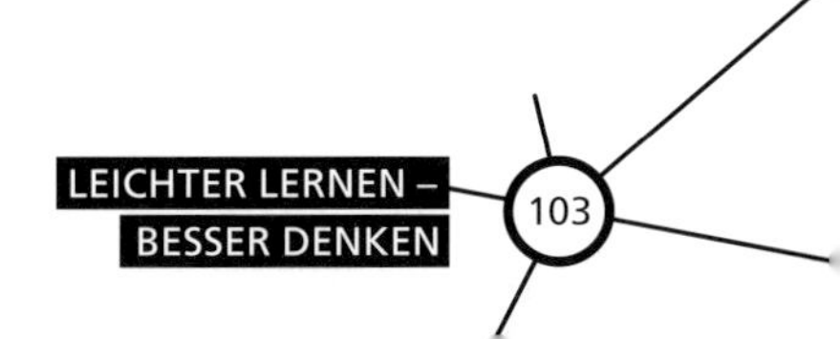

Logisches Rätsel: Im Feriencamp

In einem Feriencamp lernen sich fünf Kinder kennen.
Es sind drei Jungen und zwei Mädchen.
Doch wie heißen die Kinder? Wie alt sind sie?
Welche Sportart betreiben sie?
Und wo wohnen Sie?
Beantworte die Fragen, indem du die Tabelle anhand der unten stehenden Hinweise ausfüllst.

Name	Fabian	Nina	Tom	Lisa	Jan
Alter	12 Jahre	11 Jahre	12 Jahre	14 Jahre	13 Jahre
Sportart	Fußball	Leicht-athletik	Eishockey	Tisch-tennis	Volleyball
Wohnort	Frankfurt	München	Hamburg	Wiesbaden	Berlin

Hinweis:
Die Tabelle lässt sich beispielsweise füllen, wenn du zuerst die Information aus **Hinweis 4** einträgst, dann aus **Hinweis 7** und dann aus den **Hinweisen 11, 1, 8, 10, 6, 9, 3, 5, 12** und schließlich **2**.

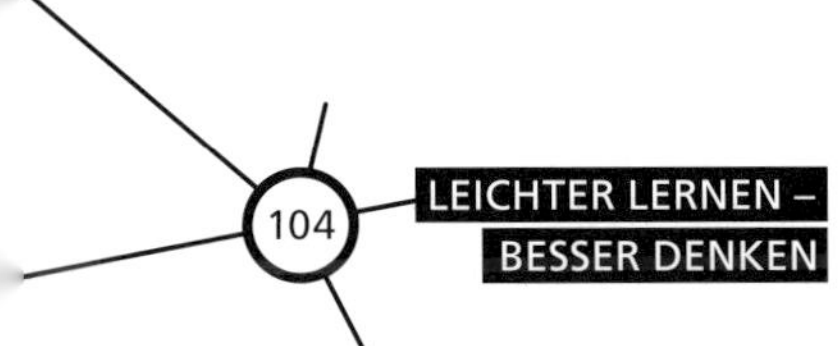

© Verlag an der Ruhr | Autorin: Sabine Kelkel | ISBN 978-3-8346-3064-3 | www.verlagruhr.de

Logische Zahlenreihen: Wie geht es weiter?

Jede der folgenden Zahlenreihen folgt einem bestimmten System. Kannst du es entschlüsseln? Notiere hinter jeder Reihe die Zahl, mit der es, dem System entsprechend, weitergeht!

Beispiel: 7 (+ 7) 14 (+ 7) 21 (+ 7) 28 (+ 7) 35 (+ 7) 42 (+ 7) → **49**

A.	126	108	90	72	54	36	→ ....
B.	16	19	23	28	34	41	→ ....
C.	18	36	40	80	84	168	→ ....
D.	21	26	23	29	25	32	→ ....
E.	9	14	12	17	15	20	→ ....
F.	50	41	33	26	20	15	→ ....
G.	3	6	12	24	48	96	→ ....
H.	9	18	27	20	13	22	→ ....
I.	13	17	15	19	17	21	→ ....
J.	2	19	34	47	58	67	→ ....

Logische Zahlenreihen: Wie geht es weiter?

Jede der folgenden Zahlenreihen folgt einem bestimmten System. Kannst du es entschlüsseln? Notiere hinter jeder Reihe die Zahl, mit der es, dem System entsprechend, weitergeht!

Beispiel: 7 (+7) 14 (+7) 21 (+7) 28 (+7) 35 (+7) 42 (+7) → **49**

	−18	−18	−18	−18	−18	−18		
A.	126	108	90	72	54	36	→	18
	+3	+4	+5	+6	+7	+8		
B.	16	19	23	28	34	41	→	49
	·2	+4	·2	+4	·2	+4		
C.	18	36	40	80	84	168	→	172
	+5	−3	+6	−4	+7	−5		
D.	21	26	23	29	25	32	→	27
	+5	−2	+5	−2	+5	−2		
E.	9	14	12	17	15	20	→	18
	−9	−8	−7	−6	−5	−4		
F.	50	41	33	26	20	15	→	11
	·2	·2	·2	·2	·2	·2		
G.	3	6	12	24	48	96	→	192
	+9	+9	−7	−7	+9	+9		
H.	9	18	27	20	13	22	→	31
	+4	−2	+4	−2	+4	−2		
I.	13	17	15	19	17	21	→	19
	+17	+15	+13	+11	+9	+7		
J.	2	19	34	47	58	67	→	74

Alles logo?

Auf dieser Seite findest du drei Logik-Rätsel. Viel Spaß beim Knobeln!

1. **Im nebenstehenden Raster sind sechs verschiedene Symbole in einer bestimmten logischen Reihenfolge angeordnet.
   Führe das Muster weiter und zeichne die Symbole in die letzte Zeile in der richtigen Reihenfolge ein.**

□	▼	⟳	✕	⊖	✔
▼	⟳	✕	⊖	✔	□
⟳	✕	⊖	✔	□	▼
✕	⊖	✔	□	▼	⟳
⊖	✔	□	▼	⟳	✕

2. **Setze die folgenden fünf verschiedenen Symbole so in die Felder des Rasters ein, dass jedes Symbol in jeder waagerechten und senkrechten Reihe sowie in den Diagonalen nur genau einmal vorkommt.**

   ♓ □ ✓ ♎ ↗

   Hier gibt es mehrere Lösungsmöglichkeiten!

3. **Wie kommst du über den Fluss?**

   **Stelle dir vor, du möchtest zusammen mit einem Kohlkopf, einer Ziege und einem Wolf einen Fluss überqueren.
   Dein Boot kann jedoch nur dich und einen weiteren Passagier tragen. Du kannst weder die Ziege mit dem Wolf noch den Kohlkopf mit der Ziege unbeaufsichtigt an einem Ufer zurücklassen, weil sonst womöglich die Ziege oder der Kohl aufgefressen wird.
   Wie bringst du trotzdem mit möglichst wenigen Überfahrten alles auf die andere Seite des Flusses?**

© Verlag an der Ruhr | Autorin: Sabine Kelkel | ISBN 978-3-8346-3064-3 | www.verlagruhr.de

Alles logo?

Auf dieser Seite findest du drei Logik-Rätsel. Viel Spaß beim Knobeln!

1. Im nebenstehenden Raster sind sechs verschiedene Symbole in einer bestimmten logischen Reihenfolge angeordnet.
   Führe das Muster weiter und zeichne die Symbole in die letzte Zeile in der richtigen Reihenfolge ein.

□	▼	⟳	✖	⊖	✔
▼	⟳	✖	⊖	✔	□
⟳	✖	⊖	✔	□	▼
✖	⊖	✔	□	▼	⟳
⊖	✔	□	▼	⟳	✖
✔	□	▼	⟳	✖	⊖

2. Eine mögliche Lösung:

↗	✓	♓	□	♎
♓	□	♎	↗	✓
♎	↗	✓	♓	□
✓	♓	□	♎	↗
□	♎	↗	✓	♓

3. Wie kommst du über den Fluss?

   Zuerst überquerst du mit der Ziege den Fluss und kommst allein zurück. Anschließend fährst du mit dem Wolf auf die andere Seite, lässt ihn dort und nimmst stattdessen die Ziege wieder mit zurück. Nun lässt du die Ziege am Ausgangsufer zurück, setzt mit dem Kohlkopf über und kehrst allein zurück. Zum Schluss fährst du noch einmal mit der Ziege ans andere Ufer und hast somit alle sicher auf die andere Seite des Flusses gebracht.

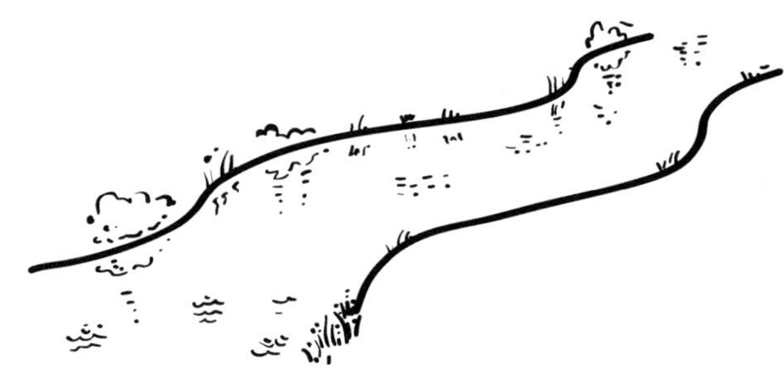

Wochentage gesucht

Finde heraus, welcher Wochentag gesucht ist.

1. Wenn heute Mittwoch ist, welcher Tag war vorvorgestern?

   ....

2. Der 21. Februar (kein Schaltjahr) ist ein Sonntag. Welcher Tag ist der 9. März?

   ....

3. Heute haben wir drei Tage nach Sonntag. Welchen Tag haben wir übermorgen?

   ....

4. Jan geht am Freitag zum Arzt und er soll in zwölf Tagen wiederkommen.
   Welcher Tag ist das?

   ....

5. Wenn vorgestern Montag war, welchen Tag haben wir in fünf Tagen?

   ....

6. Morgen sind es zwei Tage bis Dienstag. Welcher Tag war vorvorgestern?

   ....

7. Der 24. Dezember ist ein Freitag. Welcher Tag ist der 2. Januar?

   ....

Wochentage gesucht

Finde heraus, welcher Wochentag gesucht ist.

1. Wenn heute Mittwoch ist, welcher Tag war vorvorgestern?
   Sonntag (gestern Dienstag, vorgestern Montag)

2. Der 21. Februar (kein Schaltjahr) ist ein Sonntag. Welcher Tag ist der 9. März?
   Dienstag

3. Heute haben wir drei Tage nach Sonntag. Welchen Tag haben wir übermorgen?
   Freitag (heute Mittwoch, morgen Donnerstag)

4. Jan geht am Freitag zum Arzt und er soll in zwölf Tagen wiederkommen.
   Welcher Tag ist das?
   Mittwoch

5. Wenn vorgestern Montag war, welchen Tag haben wir in fünf Tagen?
   Montag (gestern Dienstag, heute Mittwoch)

6. Morgen sind es zwei Tage bis Dienstag. Welcher Tag war vorvorgestern?
   Mittwoch (heute Samstag, gestern Freitag, vorgestern Donnerstag)

7. Der 24. Dezember ist ein Freitag. Welcher Tag ist der 2. Januar?
   Sonntag

Ausschließen

In den folgenden Begriffsgruppen passt jeweils ein Wort (oder auch mehrere Wörter) nicht zu den anderen Begriffen. Markiere, welches Wort bzw. welche Wörter nicht passen, und notiere darunter deine Begründung.

1. Venus – Jupiter – Apollo – Neptun – Mars

....

2. Oder – Nil – Mosel – Elbe – Donau

....

3. Eiche – Ahorn – Kiefer – Birke – Buche

....

4. Brust – Delfin – Bauch – Kraul – Rücken

....

5. RTL – ARD – SAT 1 – PRO 7 – ZDF

....

6. Adidas – Nike – Fila – Puma – Schiesser

....

7. Aragorn – Gimli – Legolas – Merlin – Frodo

....

8. Mars – Twix – Snickers – Dickmanns – Balisto

....

9. Kilometer – Zentimeter – Hektar – Meter – Tonne

....

10. ticken – scheppern – rauschen – kleben – rascheln

....

Ausschließen

In den folgenden Begriffsgruppen passt jeweils ein Wort (oder auch mehrere Wörter) nicht zu den anderen Begriffen. Markiere, welches Wort bzw. welche Wörter nicht passen, und notiere darunter deine Begründung.

1. Venus – Jupiter – (Apollo) – Neptun – Mars

Apollo ist kein Planet unseres Sonnensystems, sondern ein griechischer Gott.

2. Oder – (Nil) – Mosel – Elbe – Donau

Der Nil ist kein europäischer Fluss.

3. Eiche – Ahorn – (Kiefer) – Birke – Buche

Die Kiefer ist ein Nadelbaum, alle anderen sind Laubbäume.

4. Brust – Delfin – (Bauch) – Kraul – Rücken

Bauch ist kein Schwimmstil.

5. RTL – (ARD) – SAT 1 – PRO 7 – (ZDF)

ARD und ZDF sind keine Privatsender.

6. Adidas – Nike – Fila – Puma – (Schiesser)

Schiesser ist keine Sportmarke.

7. Aragorn – Gimli – Legolas – (Merlin) – Frodo

Merlin ist keine Figur aus „Herr der Ringe", sondern aus „King Arthur".

8. Mars – Twix – Snickers – (Dickmanns) – Balisto

Dickmanns sind keine Schokoriegel, sondern Schaumküsse.

9. Kilometer – Zentimeter – (Hektar) – Meter – (Tonne)

Hektar und Tonne sind keine Längeneinheiten.

10. ticken – scheppern – rauschen – (kleben) – rascheln

Kleben ist eine Tätigkeit, alles andere sind Geräusche.

© Verlag an der Ruhr | Autorin: Sabine Kelkel | ISBN 978-3-8346-3064-3 | www.verlagruhr.de

Reimübung

Es gibt viele Wörter, die sich aufeinander reimen. Finde für die umschriebenen Begriffe die passenden Reimwörter!

Beispiel: ein Himmelskörper, der sich auf einen großen Behälter reimt

Sonne — Tonne

1. Teil des Gesichts, das sich auf ein Blumengefäß reimt

....

2. eine Kopfbedeckung, die sich auf Tapferkeit reimt

....

3. ein lautes Geräusch, das sich auf eine Tierunterkunft reimt

....

4. eine Farbe, die sich auf ein Nahrungsmittel reimt

....

5. eine Märchenfigur, die sich auf eine Grünfläche reimt

....

6. ein Meerestier, das sich auf ein Möbelstück reimt

....

7. ein Kleidungsstück, das sich auf eine Blume reimt

....

8. ein Organ, das sich auf ein anderes Wort für Auto reimt

....

Fallen dir noch andere Reimwörter ein? Formuliere eigene Umschreibungen!

....

....

....

Reimübung

Es gibt viele Wörter, die sich aufeinander reimen. Finde für die umschriebenen Begriffe die passenden Reimwörter!

Beispiel: ein Himmelskörper, der sich auf einen großen Behälter reimt

Sonne — Tonne

1. Teil des Gesichts, das sich auf ein Blumengefäß reimt

Nase .... Vase

2. eine Kopfbedeckung, die sich auf Tapferkeit reimt

Hut .... Mut

3. ein lautes Geräusch, das sich auf eine Tierunterkunft reimt

Knall .... Stall

4. eine Farbe, die sich auf ein Nahrungsmittel reimt

Rot .... Brot

5. eine Märchenfigur, die sich auf eine Grünfläche reimt

Riese .... Wiese

6. ein Meerestier, das sich auf ein Möbelstück reimt

Fisch .... Tisch

7. ein Kleidungsstück, das sich auf eine Blume reimt

Hose .... Rose

8. ein Organ, das sich auf ein anderes Wort für Auto reimt

Magen .... Wagen

Fantasieübung

Finde die passenden Reimwörter!

Beispiel: Keine Leiter ohne **Sprosse**, kein Fisch ohne **Flosse**.

Kein Rasen ohne ...., kein Winter ohne ....

Kein Haus ohne ...., kein Schrank ohne ....

Kein Wald ohne ...., kein Schlaf ohne ....

Kein Friseur ohne ...., keine Tafel ohne ....

Kein Honig ohne ...., kein Bleistift ohne ....

Kein Bauer ohne ...., kein Tennis ohne ....

Kein Mensch ohne ...., kein Mantel ohne ....

Kein Sommer ohne ...., kein Unfall ohne ....

Kein Himmel ohne ...., kein Apfel ohne ....

Kein Auto ohne ...., kein Park ohne ....

Kein Märchen ohne ...., keine Schafe ohne ....

Keine Hühner ohne ...., kein Geburtstag ohne ....

Keine Tür ohne ...., keine Küche ohne ....

Keine Blume ohne ...., kein Ballon ohne ....

Hast du eigene Ideen für solche Reim-Rätsel? Schreibe sie auf:

....

....

....

Fantasieübung

Mögliche Lösungen
(da es sich hier um eine Fantasieübung handelt, können auch andere Lösungen möglich und richtig sein!)

Kein Rasen ohne Klee, kein Winter ohne Schnee.

Kein Haus ohne Dach, kein Schrank ohne Fach.

Kein Wald ohne Baum, kein Schlaf ohne Traum.

Kein Friseur ohne Kamm, keine Tafel ohne Schwamm.

Kein Honig ohne Biene, kein Bleistift ohne Mine.

Kein Bauer ohne Stall, kein Tennis ohne Ball.

Kein Mensch ohne Kopf, kein Mantel ohne Knopf.

Kein Sommer ohne Baden, kein Unfall ohne Schaden.

Kein Himmel ohne Sterne, kein Apfel ohne Kerne.

Kein Auto ohne Tank, kein Park ohne Bank.

Kein Märchen ohne Riese, keine Schafe ohne Wiese.

Keine Hühner ohne Eier, kein Geburtstag ohne Feier.

Keine Tür ohne Schlüssel, keine Küche ohne Schüssel.

Keine Blume ohne Duft, kein Ballon ohne Luft.

Malen und Zeichnen: Bilder aus Motiven

Zeichne um jedes Motiv ein Bild, in dem es sich verstecken kann!

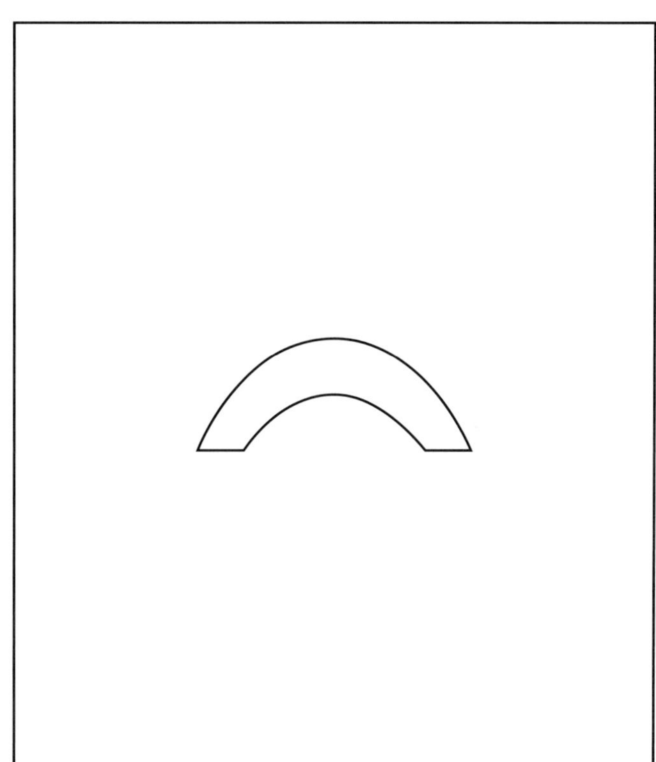

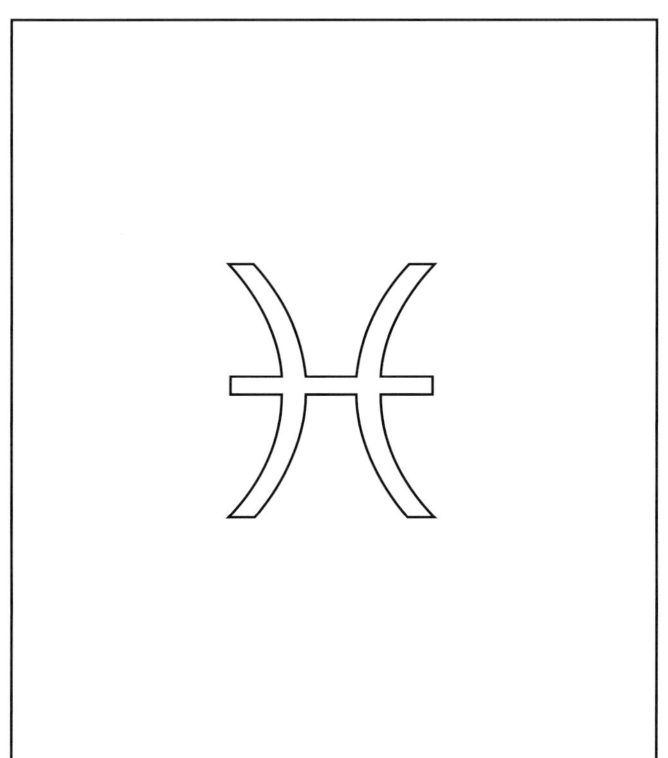

Malen und Zeichnen: Zusammengesetzte Wörter

**Überlege dir, wie du die beiden vorgegebenen Wörter bildhaft darstellen kannst, und zeichne deine Idee in die Kästen.
Überlege dir dann für die beiden anderen Kästen eigene Wörter, die sich gut als Bild darstellen lassen!**

Sonnenhut	**Maskenball**
....	....

Elfchen

Ein Elfchen ist ein Gedicht aus elf Wörtern, die nach einem bestimmten Schema angeordnet sind.

Beispiel:

		Elfchen:
1. Zeile, **ein** Wort	z. B. eine Farbe	Orange
2. Zeile, **zwei** Wörter	z. B. etwas, was diese Farbe hat	eine Apfelsine
3. Zeile, **drei** Wörter	z. B. genauere Beschreibung	sie schmeckt uns
4. Zeile, **vier** Wörter	z. B. zusätzliche Information	ihr Saft ist süß
5. Zeile, **ein** Wort	z. B. Schluss	lecker

Wenn man so wenige Wörter benutzen darf, wird jedes einzelne sehr kostbar. Um die passenden Worte zu finden, muss man sich sehr intensiv mit dem gegebenen Thema auseinandersetzen. Gleichzeitig ermöglicht ein Elfchen einen sehr spielerischen Umgang mit Sprache.

Schreibe nun selbst ein Elfchen! Suche dir dazu selbst ein Thema aus oder versuche es mit dem Wort „Ferien“.

....

....

....

....

....

....

....

....

....

....

BILDNACHWEIS

S. 12 o. © Britta Laudwein, www.mv-design.eu
S. 12 u. © Verlagsteam VadR
S. 14 © hobbitfoot | Fotolia.com
S. 15–18 (Sinnes-Icons) © dmitroscope | Fotolia.com
S. 22–23 © Verlagsteam VadR
S. 24–25 © Thomas Reimer | Fotolia.com
S. 26 l. © Picture-Factory | Fotolia.com
S. 26 r. © Photographee.eu | Fotolia.com
S. 27 o. © siro46 | Fotolia.com
S. 27 u. © Sandor Jackal | Fotolia.com
S. 28 © fabioberti.it | Fotolia.com
S. 30 © thingamajiggs | Fotolia.com
S. 31 © drubig-photo | Fotolia.com
S. 32 © richman21 | Fotolia.com
S. 33ff. (Fußspuren) © rashadashurov-Detail | Fotolia.com
S. 34 © Anna Rassadnikova | Fotolia.com
S. 37 (beide) © Dorothee Wolters
S. 38 © Britta Laudwein, www.mv-design.eu
S. 39 (Ei, Kerze) © Astrid Wilkesmann;
(Kaktus, Stuhl, Ritter, Auto mit Mann) © Norbert Höveler,
(Elefant, Fahne, Sanduhr, Pfeife, Spielkarten, Abendbrot-Teller,
Fernseher mit Nachrichtensprecherin) © Dorothee Wolters;
(Mofa) © Magnus Siemens;
(Hand, Bibel, Fußball, Geist, Herz) © Verlagsteam VadR;
(Katze) © stelian | Fotolia.com
S. 47 © juliars | Fotolia.com
S. 55–56 (A) © spaxiax, (B) © Michael Tieck , (C) © aey, (D) © Photography-ByMK , (E) © Vladimir Kramin, (F) © dimedrol68, (G) © stockphoto-graf, (H) © Dyabluses, (I) © womue, (J) © Gina Sanders, (K) © Paulista, (1) © womue, (2) © fefufoto, (3) © Oleksandr Moroz, (4) © electriceye, (5) © juefraphoto, (6) © BEAUTYofLIFE, (7) © Mercedes Fittipaldi, (8) © Andrew Barker, (9) © stockphoto-graf, (10) © Paulista – alle Fotolia.com
S. 69–70 (Monsterbuchstaben) © Bastetamon | Fotolia.com,
(Gespenst) © dervish15 | Fotolia.com
S. 83 © Verlagsteam VadR
S. 84–89 (Geld, Eis, Sonne, Noten, Fußball, Strauß, Kreuz, Kissen, Feuer, Käse, Autoreifen, Briefumschlag, Taube, Giftflasche, Schlange, Flaschen, Wolle, Landkarte, Trauben, Golden Gate Bridge) © Verlagsteam VadR;
(Tasche, Korb, Flasche, Schlüssel, Finger, Hut, Masken, Blumen, Ohr, Ring, Leiter, Gold, Haus, Schuhe, Löwe, Senf, Tube, Puppen, Wiege, Schirm, Geist, Fluss, Bett, Straße, Lampe, Weinflasche und –glas, Esel) © Dorothee Wolters;
(Apfel, Fisch, Kuchen, Regenwolken, Telefon) © Norbert Höveler;
(Baum, Spinne) © Astrid Wilkesmann; (Bär, Auto, Schaf) © Magnus Siemens;
(Armbanduhr) © Michael Schulz; (Stempel, Zahn) © Anja Boretzki
S. 100–102 (Landkarten) © Eigene Darstellung VadR;
(Flaggen im Download) © sunt | Fotolia.com
S. 107–108 (Fluss) © Dorothee Wolters